特別支援教育
サポートBOOKS

JN038438

学習のつまずき
を軽減する！

効果的な
教材 ＆ **対応**
アイデア

干川 隆 著

明治図書

はじめに

　私どもの研究室では，発達障害の児童生徒の保護者からの相談の増加と学生の関心の増加から，2005年に熊本大学学習支援教室を開設しました。学習支援教室では，発達障害（主に学習障害）の児童に対して，実態把握に基づいた個別の指導計画を作成し，認知特性に合った学習支援を実施し，その結果を評価することを繰り返してきました。

　先日も，計算に苦手意識があり様々な工夫をしてもなかなか点数が伸びなかったＡさんの支援方法を検討して修正したところ，点数が大幅に伸びました。Ａさんはとても嬉しそうで，「計算に自信がついた。」と語っていました。主担当の学生もＡさんの劇的な変化に涙を浮かべて喜んでおり，副担当の学生と一緒に喜びを分かち合っていました。認知特性に合った支援による顕著な効果の経験は，Ａさんの算数に対する自信を育むだけでなく，担当していた学生の発達障害の児童生徒の支援に対する自信ややる気を引き起こします。

　私は，発達障害の児童生徒の認知特性に合った支援が決して難しいものではなく，先生方が支援の仕方を知っていると多くの児童生徒が救われることから，本書の執筆を思いつきました。紙数が限られているので，学生が工夫してきた教材のうち特徴的なもののみを本書で紹介することになりますが，読まれた方がとりあえずやってみようと思い，支援を試みていただけることを期待しています。

●この本では，主に通常の学級にいる学習障害等の発達障害の児童生徒の認知特性に合った支援の工夫や教材，不適切な行動への取り組みに対して実際に実施して効果のあった25の取り組みを具体的に紹介しています。
●この本の読者として，通常の学級にいる発達障害の児童生徒にかかわる通級指導教室や教育相談室の先生方を想定しています。
●この本を通じて得られた支援の工夫や教材は，通常の学級担任の先生方にとって授業や個別支援の際に役立つでしょう。
●この本は，発達障害のお子さんをもつ保護者の方が家庭学習を行う際に役立つでしょう。
●この本は，塾や家庭教師として発達障害のある児童生徒に関わっている先生方が，実際に支援する際に役立つでしょう。
●最近では，放課後等デイサービスなどから学習支援の問い合わせを受けることがあるので，この本は，その人たちが支援する際にも役に立つでしょう。

2023年8月

干川　隆

目次

第1章 特別支援教育の現状と課題

第2章 発達障害の定義と特徴

第3章 学習のつまずきのとらえ方

第4章 学習のつまずきと不適切な行動への対応

第5章 課題解決モデルに基づいた ケース会議

特別支援教育の現状と課題

1 特別支援教育の現状

❶ 特別支援教育の対象となる児童生徒の急増

　平成19年度に特別支援教育がスタートして以降，日本では特別支援教育の対象となる児童生徒の割合は急増しています。図１は，文部科学省の特別支援教育資料を基に，義務教育段階での全児童生徒のうち特別支援教育を受けている児童生徒の割合の推移を示しています。図１の縦軸は割合を，横軸は年度を示しています。令和３年を例にすると，一番下の◆は特別支援学校の児童生徒の割合を，下から２番目の■は通級による指導を受けている児童生徒の割合を，その上の▲は特別支援学級の児童生徒の割合を示しています。一番上の●は合計として，特別支援学校と特別支援学級，それに通級による指導を合わせた児童生徒の割合を示しています。さらにこの表で，私はこれまでの推移に基づいて回帰式を作成し，令和10年までの特別支援教育を受けていると予測される児童生徒の割合を示しています。

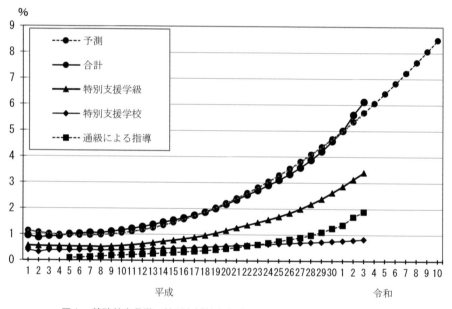

図１　義務教育段階で特別支援教育を受けている児童生徒の割合の推移

　特別支援教育の対象の児童生徒の割合は，養護学校義務制が実施された昭和54年以来平成10年頃までの20年間は，ずっと約1.0％で推移してきました。その後，平成20年に特別支援教育の対象の児童生徒の割合は約2.2％に倍増し，平成30年には約4.6％とさらに倍増しています。このままの比率で増加すると考えると，令和10年には約8.5％の児童生徒が特別支援教育の対象になると予想されます。

　特別支援教育の対象の児童生徒の増加の理由の一つは，特別支援教育にかかわる教師や行政者の努力によって特別支援教育に対する予算が確保されたことで，特別支援学校が整備され，特別支援学級や通級指導教室が増えるなど，以前よりも支援される機会が増えたためです。も

うー つの理由は，保護者の特別支援教育に対する認識がそれまでの烙印的なイメージから，わが子に合った適切な支援をしてもらえる場所へと変化したものと推測されます。

❷ 特別支援教育の対象となる児童生徒の急増から危惧される問題

その一方で，このまま特別支援教育の対象となる児童生徒の割合が増加することは，果たして良いことなのでしょうか。私は，以下の三つの点から特別支援教育の対象となる児童生徒の増加を危惧しています。それは，１）本来は特別支援教育の対象外となる児童生徒が含まれる問題，２）財政の問題，それに３）教員養成の問題，です。

一つ目の問題は，対象の児童生徒が増えることによって，本来は特別支援教育の対象ではない児童生徒が特別支援教育を受ける対象に含まれる危険性です。米国でも特殊教育（Special Education）の見直しが行われました。米国では，2000年頃に特殊教育の対象となった児童生徒の割合は10%を超えており，その半数は学習障害の児童生徒でした。2002年７月に「特殊教育における卓越性に関する大統領委員会」は報告書を提出し，特殊教育の現状として措置される児童生徒の人種的な偏りが問題になりましたが，現状報告の中に「『特異な学習障害』のあるもののうち，80%は単にどのように読むかを学習しなかったことによる。」との記述があります（U. S. Department of Education, 2002）。つまり，米国では学習につまずいた児童生徒が，学習障害として認定され特殊教育に措置されていたと推測されます。日本でもこのまま特別支援教育の対象の児童生徒が増え続けると，学習に少しでもつまずいたり不適切な行動があると特別支援教育の対象とみなされてしまい，米国と同様に本来，通常教育で対応できる児童生徒までもが特別支援教育に措置されることになるでしょう。

二つ目は，財政の問題です。米国の大統領委員会への諮問の背景の一つは，特別支援教育にかかる予算の増加の問題でした（U.S. Department of Education, 2002）。日本でも特別支援教育の対象となる児童生徒の急増は，教職員数の増加という財政の問題を引き起こします。特別支援教育資料に基づくと，特別支援教育にかかわる教職員数は，平成19年と比べて平成29年には４万５千人（38%）増加しており，かかる人件費も膨大です。借金だらけの日本の国家予算を考えると，いずれ日本でも特別支援教育に対して予算の見直しや成果に対する説明責任が求められるでしょう。

三つ目は，特別支援教育の教員養成が追いついていない問題です。国立大学法人の特別支援教育の教員養成課程の定員は，この50年間ほとんど増えていません。最近になって，国立大学法人の中でも特別支援教育の教員養成課程の定員を増やす大学が出てきています。また特別支援学校教諭免許が取得できる私立大学の数は増えています。しかし，このように対応しても，私はせいぜい全児童生徒のうちの５%の児童生徒に対応できるくらいの人数だと思います。今後，令和10年に予測通り8.5%を迎える前に，特別支援教育の養成を受けた教員の供給が需要に追いつかず，特別支援教育のシステムは崩壊してしまうでしょう。

2 エビデンスに基づいた特別支援教育の必要性

❶ 特別支援教育の陥りやすい問題

　私は，特別支援教育に永年携わってきて，特別支援教育にはカリスマ的な指導者を生みやすい風土や土壌があると感じています。その背景にあるのは，わが子に障害があることがわかってから，何とかして少しでも障害を改善しようする保護者の思いでしょう。ある指導法でわが子が少しでも良くなった姿を見ると，保護者はわが子にはこの方法しかないという強い思いをもちます。あたかも新興宗教のように，保護者は指導者から言われたことを信じ込みます。特別支援教育という非常に狭い分野の中で，Ａ法の信者とＢ法の信者，さらにＣ法の信者のように，それぞれの信者が生まれ，互いに批判したり足を引っ張り合ったりしています。

　さらに，特別支援教育で用心しなければならないのは，手段としての指導方法がいつのまにか目的に置き換わってしまい，子どもの自立と関係なく，Ａ法を実施すること自体が目的になってしまう問題です。例えば特別支援学校に入学したときに，保護者は効果のあったその方法を実施するように学校に強く要求し，トラブルになることがよくあります。教師は，その児童生徒がすでにその方法を用いなくてもいろんなことができる段階であると判断しているのに，保護者はずっとＡ法を主張して聞き耳をもたないことがあります。そこにＡ法の専門家と呼ばれる人が登場するからよけいにややこしくなります。本来の支援の目的地が「子どもの自立」であるならば，その目的地に達するためのルート（手段）は必ずしも一つではないはず。本来，最終の目的地にたどり着くには，いろんなルートがあって良いと思います。

❷ エビデンスに基づいた支援：教師の自信へ

　特別支援教育を新興宗教化しないためには，科学としてのエビデンスに基づいた特別支援教育が必要です。ここでの「エビデンスに基づく」とは，児童生徒の成長を数値化し，支援の前と比較してどれくらい成長できたかについて実証的なデータを示して情報を共有し合うことです。

　まず，エビデンスに基づいた支援を行うことは，担当者に自信をもたらします。熊本大学学習支援教室では，すべての児童に十分な実態把握を行い，個別の指導計画を作成し，それに基づいて支援しています。その結果は毎学期ごとに厳密に評価され，目標に達しなかった場合には，目標そのものを修正したり支援方法を変えたりするなどの工夫が必要になります。１学期の当初は漢字の正答率90%を目標にしていたのに，学期末の評価で50%〜60%の正答率であった学生は，２学期から支援方法を工夫して90%の目標に到達できるようにしなければなりません。このような評価サイクルを行うことで，支援方法が妥当であることを実証できます。学期ごとに評価し支援方法の妥当性を検証することによって，担当者は発達障害の支援に自信をもつことができます。

これは担当者が大学生の例でしたが，学校の教師でもエビデンスに基づいた支援を行うことで自信をもつことができます。私は，巡回相談員としてうかがった学校でも，学生と同様に教師がエビデンスに基づいた支援によって自信をもつ姿を拝見しました。

　ある中学校で，すぐにカッとなって手を出してしまったり，机や椅子を投げたりするなど衝動性の強いB君がいました。相談を受けたときにその対応の難しさから，私はB君を通常の学級の教師だけで対応するのは無理であろうと思いました。ところが担任教師は定期的にケース会議を開いて，エビデンスに基づいて支援を工夫されました。結果的に担任教師はトークンエコノミー法を活用し，不適切な行動をコントロールして，B君を中学校から無事卒業させました。このことは，B君にとってのメリットであるだけでなく，担任教師にとっても難しい事例に自分たちの力で対応することができたという自信をもたらしました。

❸　エビデンスに基づいた支援：保護者の物差しへ

　エビデンスに基づいた特別支援教育を実践することによって，保護者はわが子の成長の物差しをもつことができます。今から25年前に，特別支援学校から1年間国立特別支援教育総合研究所に現職研修で来られていたA先生が，勤務校の保護者に個別の指導計画に関するアンケート調査を実施したことがありました。そのときの仮説は，個別の指導計画に保護者の思いが反映されているほど保護者による教師への評価が高く，保護者の思いが反映されていないほど教師への評価が低いであろうというものでした。しかし，アンケート調査の結果は予想外のものでした。個別の指導計画の中身に関係なく，保護者の教師に対する評価はいずれも高い結果だったのです。この結果についてA先生は，個別の指導計画が保護者にとって役に立たないものになっていたために，保護者は教師を指導力ではなく熱心さなどで評価をしており，保護者がわが子の成長に対する物差しをもっていないのではないかと考察しました。保護者にとって役に立つ個別の指導計画を作成することで，保護者は毎年わが子の成長を知ることができます。それによって保護者は，今年はこれだけ成長できた，来年はさらにこれだけ成長できるに違いないとわが子の成長の物差しをもつことができます。その物差しをもつことができて初めて，保護者は担任をわが子の成長を伸ばしてくれる教師かどうかについて適切に評価することができるようになります。

　また，エビデンスに基づいた特別支援教育を実践することで，保護者にとってわが子の成長の物差しを手に入れるだけでなく，福祉や医療，就労など教育領域以外の専門家と連携する上でも情報の共有が容易になります。

3 通常の学級における多層支援体制

❶ 通常教育の改革の必要性

　平成19年に学校教育法が改正施行され，特殊教育から特別支援教育へと移行する中で，それまで重度の障害のある児童生徒への対応に軸足を置いていた特別支援教育は，軽度の障害の児童生徒への対応を加えてきました。文部科学省は，それまでは通常の学級には障害のある児童生徒はいないと主張していたのが，特別支援教育を契機に，いや実は通常の学級にも発達障害などの障害のある児童生徒がいて，その児童生徒への支援も積極的に行うと180度方向転換をしました。その結果，特別支援教育の対象の児童生徒の割合は急増しています。前述のように，特別支援教育の対象となる児童生徒の割合が増えると，本来，特別支援教育の対象でない児童生徒が特別支援教育の対象にされる危険性があります。通常の学級で対応のできる学習障害等の児童生徒を特別支援教育の対象としないためには，特別支援教育だけではなく通常教育の改革が必要になります。

　私は，通常教育の中に特別支援教育の対象とするかどうかに関する前照会段階のミーティングがないことが日本の問題であると考えます。私は，日本の特別支援教育が，米国の特殊教育を25年遅れて追随しているように思います。もしもそうなら，今後，米国と同様に日本でも通常教育の中に前照会段階のミーティングを含む多層的な支援体制を取り入れることが予想されます。そこで米国の多層的な支援体制として，１）課題解決モデルと２）介入に対する反応（RTI）の二つについて紹介します。

❷ 課題解決モデル

　課題解決モデルは，米国のミネソタ州ミネアポリス公立学校で1990年代から実践されてきました。課題解決モデルは，英語では，Problem Solving Model であり，直訳すると問題解決モデルになります。私は，問題解決モデルとして児童生徒の問題を解決すると訳したときに，「児童生徒が問題だと考えるのは何ごとか！」といった無意味な議論に巻き込まれたことがありました。不毛な議論を避けるために，ここでは課題解決モデルと訳すことにしました。児童生徒の課題を明らかにすることは，その子を課題のある児童生徒とラベルを貼って通常教育から除外することが目的ではなく，課題を特定して取り組み，課題を解決することで，その子が通常の学級の中で授業に参加できたり学習内容を習得できたりするためです。ある中学校の校長は，「教師はプロなのだから生徒の課題として挙がったことは，常に意識して解決するために努力をしますよ。」とおっしゃっていました。

　課題解決モデルは，米国の学校心理士関連の書籍でも何度か特集されてきました（Thomas & Grimes, 2002）。課題解決モデルは，階層的なモデルであり特別支援教育に照会する前の前照会段階のミーティングを指します。換言すると課題解決モデルは，通常教育か

ら特別支援教育までの道筋として考えることができます。

　課題解決モデルは，3段階のミーティングとそれに基づく支援，そして評価のプロセスからなります（干川・Deno，2005）。課題解決モデルの三つの段階と流れ図は，図2に示されています。第1段階で参加者は，担任一人でできる支援について話し合います。具体的には，通常の学級で机の配置を変えてみる，言葉で指示するだけでなく黒板に書いたり指示カードを用意したりするなどの工夫を思いつくまま挙げてみます。そして，それを試しに数週間実施してみます。それによって課題が解決できれば，その支援を継続します。課題が解決できなければ第2段階に進みます。第2段階で参加者は，第1段階で解決できなかった課題に対するチームによる支援について話し合います。ここでのチームは，ミネアポリス公立学校では，特殊教育教師やティーチングアシスタントやボランティア，学生を意味します。日本では，学級支援員（スクールサポーター）や専科の教師や特別支援学級の教師などがチームに含まれるでしょう。地域によっては大学生のボランティアを受け入れている学校もあります。チームによって支援を続け，数週間後にその課題を解決できれば，次年度も学級支援員を配置するなどチームの支援を継続します。課題が解決できなかったときには，次の第3段階に移ります。

　課題解決モデルでは，第3段階は特殊教育です。課題解決モデルは，特殊教育の対象となる児童生徒かを判断する前に，第1段階と第2段階を置くことで，児童生徒に関する実証的なデータを積み重ねることができます。担任によって個別に配慮し，この部分は解決できたけれどもこの部分が課題として残った。あるいは第2段階としてチームによって支援し，この部分は解決できたけれどもこの部分が課題として残った。そのため，さらにこの部分を専門的な教師によって集中的に支援するために，特殊教育が必要だ，という流れになります。

　課題解決モデルの段階的な支援には，以下の三つのメリットがあります。まず，こ

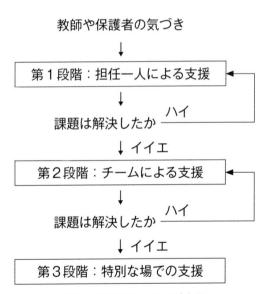

図2　課題解決モデルの流れ図

の段階的な支援は，保護者とのトラブルを減らします。これまでは，保護者が突然特別支援学級への移籍を勧められたりすることがありましたが，それがなくなります。課題解決モデルを通じて，教師のそれまでの取り組みの結果をデータとして蓄積することができます。そのデータを保護者に提示することで，どの部分が伸びて，どの部分が伸びていないのかを保護者がすぐに理解することができます。言い換えると，課題解決モデルに基づいて支援を実施した結果，

エビデンスに基づいたデータを得ることで，教師は保護者への説明責任を果たすことができます。

　次に，課題解決モデルの段階的な支援を考えるためのミーティングは，教師間の連携協力関係を促します。ミーティングによって解決策を考えることは，教師がもっている支援技術を共有することに役立ちます。例えば，課題解決モデルで話し合っている事例は一事例かもしれませんが，それを協議する中で参加している教師は，「この支援は担当している学級のあの子にも使えそう。」と思うでしょう。このように，教師同士がお互いの垣根を下げて前向きな意見を出すことができるようになることは，学校のもつ風土や土壌を変えることにつながります。

　さらに課題解決モデルでは，通常の学級ですぐに支援に入ることができるので，学習のつまずきが顕著になったり不適切な行動が深刻になったりする前に対応することができます。米国では，特殊教育の対象となったときに個別教育計画（IEP）を作成するために，米国の学校心理士の勤務時間のほとんどは，特殊教育の児童生徒のアセスメントに費やされていました。多くの学校心理士は，一人のIEPを作成するためにほぼ1か月かけてアセスメントを行っていました。ものすごくコストのかかる体制だったわけです。課題解決モデルでは，児童生徒を評価する前から支援をすることができます。言い換えると課題解決モデルは，これまでの「評価⇒支援」という手順をひっくり返して，「支援⇒評価」という手順に変えました。支援をしてみて課題が解決できたところが，その児童生徒のもつ教育的ニーズであることを実証できます。したがって，課題解決モデルは，これまでのIEPの作成のときのように実態把握に1か月も時間をかける必要がなくなり，すぐに支援を開始できるところにその特徴があります。

❸　介入に対する反応（RTI）

　通常の学級の段階的なもう一つの支援体制として，介入に対する反応（Response to Intervention，以下「RTI」と示す）があります。1975年に全障害児教育法（公法94-142）が制定されて以来，学習障害を認定する方法として，学力と知能テスト（IQ）の値の間のディスクレパンシー（不一致または乖離と訳される）から判断するディスクレパンシーモデルが採用されてきました。しかし，大統領委員会の報告書にもあるようにディスクレパンシーモデルは，人種的な偏りを生じることや学習につまずくまで待たなければならないなどの批判を受けました。それを受けて，全障害児教育法の後身である障害のある人の教育法（Individuals with Disabilities Education: IDEA2004）では，学習障害のある子どもを認定するための追加手続きとして，特異な学習障害の子どもを認定する際に知的能力と学力の間の重度のディスクレパンシーの使用を求めてはならないこと，さらに科学的で研究に基づく子どもの介入への反応に基づいた過程を使用しなければならないことが推奨されています。

　RTIは単なる学習障害の認定方法の違いだけでなく，通常教育の改革の一環に位置づけられています（Gilbert et al., 2013）。Gilbert et al.（2013）によれば，RTIは主に3層の支援体

制から成ります（図3）。第1層では通常の学級で全児童生徒を対象にユニバーサル・スクリーニングが行われ，個々の学業の成績がモニターされます。そこでクラスメイトよりも著しく成績が低い児童生徒は，第2層へと移されます。第2層では学習のつまずきを予防するためのグループの支援を受け，その進捗状況がモニターされます。第2層で反応せず支援の効果が得られなかった児童生徒は，第3層へと移され集中した個別化された支援を受けます。

　このようにRTIは，多層支援システムであり，特殊教育に照会される前に通常教育の中で支援を検討することになります。その結果，第3層での個別的な支援によっても学習のつまずきが改善されないときに，初めて特殊教育の対象となります。RTIは，学習につまずく前に通常の学級の中で対応することによって，特殊教育へ照会される児童生徒の割合を減らすことから，コスト面での効果も期待されています（Fuchs & Fuchs, 2006）。実際に，RTIを用いるようになってから，特殊教育の対象となる児童生徒の割合（特に学習障害の児童生徒の割合）が減ってきていることも報告されています（Jimerson, Burns, & VanDerHeyden, 2016）。

　なお，RTIでは学習の進捗状況を把握するために，一度きりのアセスメントだけでなく複数回にわたる評価が必要になります。米国では，1分間に間違えずに何語読めたか，2分間に間違えずに計算できたかの数によるカリキュラムに基づく尺度（Curriculum-based Measurement，以下「CBM」と示す）が学習の進捗状況を把握するプログレスモニタリング（Progress Monitoring）尺度として用いられています（干川，2015）。

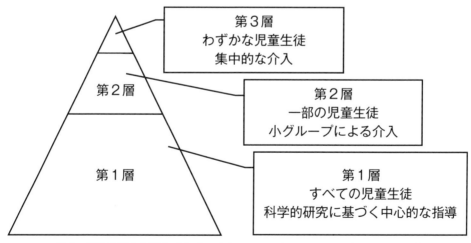

図3　RTIモデルの概要（National Center on Response to Intervension）

【文献】

Fuchs, D., & Fuchs, L. S.（2006）Introduction to response to intervention: What, why, and how valid is it? Reading Research Quarterly, 41（1）, 93-99.

Gilbert, J.K., Compton, D.L., Fuchs, D., et al.（2013）Efficacy of a first-grade responsiveness-to-intervention prevention model for struggling readers. Reading Research Quarterly, 48（2）, 135-154.

干川隆（2015）アメリカ合衆国におけるカリキュラムに基づく尺度（CBM）に関する研究動向―わが国での標準化に向けて―. 特殊教育学研究, 53（4）, 261-273.

干川隆・Deno, S. L.（2005）校内委員会モデルとしてのアメリカ合衆国における問題解決モデル. LD研究, 14（2）, 185-198.

Individuals with Disabilities Education Improvement Act（2004）20 U.S.C. §1400 et seq..

Jimerson, S. R., Burns, M. K., & VanDerHeyden, A. M.（2016）From response to intervention to multi-tiered systems of support: Advances in the science and practice of assessment and intervention. In S. R. Jimerson, M. K. Burns, & A. M. VanDerHeyden（Eds.）Handbook of response to intervention: The science and practice of multi-tiered systems of support（2nd ed.）（pp. 1-6）. New York: Springer.

文部科学省（2003）今後の特別支援教育の在り方について（最終報告）. 特別支援教育の在り方に関する調査研究協力者会議.

National Center for Learning Disabilities. A parent's guide to response to intervention（RTI）. https://www.advocacyinstitute.org/resources/ParentRTIGuide.pdf（2021年9月4日閲覧）

Thomas, A. & Grimes, J.（2002）Best practice in school psychology IV. Bethesda, MD: National Association of School Psychologists.

U.S. Department of Education（2002）A New Era: Revitalizing Special Education for Children and Their Families. President's Commission on Excellence in Special Education.

第 2 章

発達障害の定義と特徴

1 学習障害（LD）

❶ 学習障害の取り組み

(1) 学習障害と学習困難

　世界中を見たときに，すべての国で学習障害という用語が用いられているとは限りません。主に学習障害と学習困難という用語が用いられています。米国では，1975年の全障害児教育法に学習障害（Learning Disabilities）の用語が位置づけられて以来，特殊教育の対象となっている児童生徒のうち学習障害の割合は，年々増えてきました。現在，米国の特殊教育の対象となる児童生徒の半数以上を学習障害が占めています。一方，英国やオーストラリアでは，学習困難（Learning Difficulties）の用語が用いられています。日本の文部省は，学習障害の概念を決めるときに学習困難ではなく，米国型の学習障害の概念を用いることにしました。そのことが，米国に類似した学習障害の課題を生じる一因となったとも言えましょう。

(2) 米国における学習障害の取り組み

　米国の学習障害の取り組みの流れについては，学習障害の教科書「学習障害のある児童生徒 第5版」（Mercer, 1997）から要約します。

　学習障害という用語を最初に用いたのは，特殊教育の父とも言われているサミュエル・カークでした。カークが学習障害という用語を用いたのは，それまでの微細脳機能不全（MBD）などの用語で表された障害のある子どもが，医学的な問題ではなく，むしろ学習上の問題あるいは行動の問題をもっており，教育上の問題としてとらえなおす必要があったからです。1963年のシカゴの会議でカークが学習障害という用語を導入すると，それまでのMBDの用語に満足していなかった親のグループは，その用語を熱烈に歓迎し，学習障害協会（the Association of Children with Learning Disabilities: ACLD）を結成しました。さらに1964年にACLDが正式に結成され，4年後米国の特別支援教育の研究学会であるCEC（the Council Exceptional Children）の中に学習障害部門（the Division for Children with Learning Disabilities: DCLD）が組織されました。

　1970年代から1980年代にかけて，学習障害をめぐる動きは，一部の親の会のグループから全米の組織へと発展しました。例えば，1978年のACLDの正会員の数は35,000人，1980年のDCLDの会員は，9,600人へと急増しています。

　このような状況の中で，全障害児教育法（公法94-142）が1975年に議会を通過したのに伴い，全米で学習障害に取り組む組織が活発化しました。全障害児教育法が制定されるに至った背景として，100万人以上の障害のある子どもが，公教育システムから排除されており，他の通常の学級に在籍している子どもも障害が特定されないまま予想されたほどの学習の成果を示していないことが指摘されており，このことから学習障害が法律として定義され，指導が開始され

ました（干川，1999）。全障害児教育法では，以下のように「特異な学習障害」が定義されました（govinfo）。

　「特異な学習障害のある子ども」という用語は，話し言葉や書き言葉の理解や使用に関与する基礎的心理的過程において一つないしはそれ以上の障害のある子どもを意味し，これらの障害は，聞く，考える，話す，読む，書く，綴る，または計算する能力の不完全として現れる。知覚の障害，脳損傷，微細脳機能不全，読字障害，発達性失語症などの状態を含む。一次的に，視覚，聴覚，運動の障害の結果，精神遅滞，情緒障害の結果，または環境的，文化的もしくは経済的に恵まれない結果として，学習上の問題をもつ子どもは含まれない。

　この定義に基づいて1976年に合衆国教育局（U.S. Office of Education）は，連邦官報を通じて連邦法の定義を前提とした施行規則案を提出し，学習障害の「重度のディスクレパンシー」を規定するための期待公式を発表しました。しかし，学習障害の児童生徒がこの公式では学習障害にならなかったり，逆に学習障害でない児童生徒が学習障害になったりしてしまうなど問題が多く，多くの研究者からの批判を受けて1977年にはこの公式は取り下げられました（Mercer, 1997）。

　なお，Mercer（1997）の教科書によれば，学習障害の対応として，1960年代から1970年代初めまでは知覚運動テストと訓練が流行しました。しかし，1970年代になると研究者は，知覚運動プログラムの効果に疑問をもち始めました。Goodman and Hammill（1973）やHammill, Goodman, and Wiederholt（1974）は，知覚運動プログラムでは，レディネススキル，知能，学業成績，知覚運動成績は改善しないと結論づけています。このように米国では，1970年代までに目と手の協応などの知覚運動訓練のような，学習の前段階を想定して取り組むプロセスアプローチは効果がないことが実証され，学習のつまずきであればまず学習そのものを指導する直接教授（direct instruction）へと変わっていきました。米国ではすでに，50年前に目と手の協応訓練などのプロセスアプローチは実証的に否定されているのに，日本では学習障害の指導法として未だに実施されています。Mercer（1997）の教科書に，学習障害の児童生徒にとって有効な支援方法として認知理論と行動理論が紹介されおり，それが本書のよりどころになっています。

　学習障害の児童生徒は1976-77年度で797,212人であったものが（Lerner, 1993），全障害児教育法が制定されて以降，2004-05年度には，学習障害の6歳から21歳の児童生徒は2,878,146人へ（Mercer & Pullen, 2009）と3倍以上に増加し，特別支援教育を受けている児童生徒のうち，学習障害の児童生徒の割合が約50%を占めるようになりました。それが大統領委員会の報告やIDEA2004の修正を生じ，学習障害の認定方法としてのディスクレパンシーからRTIへの動きにつながっていくことになります。

❷ 学習障害の定義

(1) 日本における学習障害の定義

　平成11年７月に文部省は，調査研究協力者会議の報告書として「学習障害に対する指導について（報告）」を出し，日本で初めて学習障害についての教育的な定義を明らかにしました。しかし，この調査研究協力者会議は，平成４年６月に発足して最終報告書を出すまでに７年もの歳月を費やしてきました。審議期間の長さは，学習障害のもつ概念の複雑さを示していると言えます。文部省の学習障害の定義は，次の通りです。この定義は，米国の定義（特に全米学習障害合同委員会 NJCLD）による影響を受けたと言われています。

　学習障害とは，基本的には全般的な知的発達に遅れはないが，聞く，話す，読む，書く，計算する又は推論する能力のうち特定のものの習得と使用に著しい困難を示す様々な状態を指すものである。学習障害は，その原因として，中枢神経系に何らかの機能障害があると推定されるが，視覚障害，聴覚障害，知的障害，情緒障害などの障害や，環境的な要因が直接の原因となるものではない。

(2) 学習障害の学習のつまずきのおさえ

　学習障害は，定義に示されているように知的発達には遅れがないのに学習につまずいている児童生徒です。知的発達は個別式知能検査（WISC や田中・ビネー検査）によって評価することができます。したがって，知能検査で IQ が70以上であるにもかかわらず，学習につまずいている児童生徒が学習障害となります。学習障害の特徴として，例えば算数はできるけど国語はできないなどの教科間のアンバランスさや，読めるけど書けないなどの教科内の領域でのアンバランスさから判断することができます。国語の領域であれば，聞く，読む，話す，書く領域でのアンバランスさに注意しましょう。算数では，数と計算，図形，データの活用など，どの領域をどの程度習得しているかから慎重に判断する必要があります。

❸ 学習障害の特徴

　学習障害の特徴として，知的発達に遅れがないのに著しい学習のつまずきがあります。具体的には以下のようなつまずきがみられます。ここでは，文部科学省（2012）の「通常の学級に在籍する発達障害の可能性のある特別な教育的支援を必要とする児童生徒に関する調査」を参考に，特に国語と算数の領域での学習のつまずきについて紹介します。

聞く

　聞くの領域では，聞き間違いがある（「知った」を「行った」と聞き間違える等）や聞き漏らしがあるなどの特徴があります。また，個別に言われると聞き取れるのに，集団場面では難

しいことや，口頭での指示の理解が難しいなどの特徴があります。

話す

　話すの領域では，懸命に学校であったことを伝えようとするのですが，思いつくまま話すので理解するのに時間がかかったりします。また，適切な速さで話すことが難しくたどたどしく話したりとても早口であったりすることがあります。また，年齢相応の語彙が少ないために，内容をわかりやすく伝えることが難しいなどの特徴があります。

読む

　読むの領域では，語句や行をとばしたり同じ行を繰り返して読んだりすることや，1字1たどって読むので時間がかかったりします。また「行きました」を「いました」と勝手読みすることもあります。低学年では，拗音や促音などの特殊音節のつまずきがあることがあります。児童生徒によっては，文章は読めるのだけれど書いてある内容について要点を読みとることが難しい児童生徒もいます。

書く

　学習障害の児童生徒の中には，漢字につまずく者が多くいます。書き取りをしてもなかなか漢字を覚えることができない場合があります。あるいはへんとつくりが入れ替わってしまったり，鏡文字があったりするなどがあります。また，漢字で一画多かったり少なかったりなど，細かいところに注意して書くことが難しいなどの特徴があります。さらに，マスの中に書くことが難しかったり，独特の筆順で書いたりする児童生徒もいます。

　作文についても，何を書いて良いか決めるのに時間がかかったり，原稿用紙の様式に合わせて書くことができなかったり，主語がなかったり句読点が抜けていたり，ひらがなばっかりなどの特徴があります。

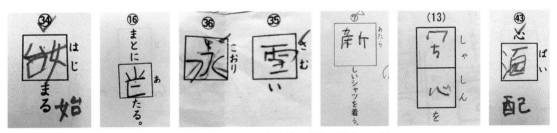

図4　学習障害の児童生徒の漢字の間違いの例

計算する

　算数（数学）の領域では，まず計算ができないことがあります。計算するのに時間がかかったり，簡単な計算も暗算でできずに指を使うなどがあります。また，繰り上がりや繰り下がりなどの手続きが未習得であったり混乱しているために四則混合の問題を間違えてしまうことがあります。また大きな数など学年相応の数の意味や表し方についての理解が難しいことや，分数の計算の手続きが入ってないなどがあります（三千四十七を300047や347と書く等）。

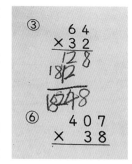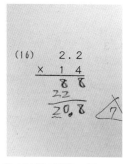

図5　学習障害の児童生徒の計算の間違い例

　さらに学習障害の児童生徒の中には，計算はできるのだけれど，学年相応の文章題を解くことが難しい者もいます。

推論する

　推論することの学習のつまずきとして，学年相応の量を比較することや，量を表す単位を理解することが難しいことや，学年相応の図形を描くことが難しい（丸やひし形などの図形の模写，見取り図や展開図）等のつまずきがあります。

　さらに，事物の因果関係を理解することが難しいことや，早合点や飛躍した考えをする等の特徴があります。

❹　学習障害の判断・実態把握基準（文部省，1999）
実態把握のための基準

　学習障害かどうかを判断するための情報として，文部省の報告書（1999）では，特異な学習の困難と全般的な知的発達に遅れのないことを以下のように規定しています。

A．特異な学習困難があること
[1] 国語又は算数（数学）（以下「国語等」という。）の基礎的能力に著しい遅れがある。
　・現在及び過去の学習の記録等から，国語等の評価の観点の中に，著しい遅れを示すものが1以上あることを確認する。この場合，著しい遅れとは，児童生徒の学年に応じ1〜2学年以上の遅れがあることを言う。

　　　　　　小2，3年　　　　　　1学年以上の遅れ
　　　　　　小4年以上又は中学　　2学年以上の遅れ

　なお，国語等について標準的な学力検査の結果があれば，それにより確認する。

・聞く，話す，読む，書く，計算する又は推論する能力のいずれかに著しい遅れがあることを，学業成績，日頃の授業態度，提出作品，ノートの記述，保護者から聞いた生活の状況等，その判断の根拠となった資料等により確認する。

［２］全般的な知的発達に遅れがない。

・知能検査等で全般的な知的発達の遅れがないこと，あるいは現在及び過去の学習の記録から，国語，算数（数学），理科，社会，生活（小１及び小２），外国語（中学）の教科の評価の観点で，学年相当の普通程度の能力を示すものが１以上あることを確認する。

　また，実態把握にあたっての留意事項として，「学習障害と疑われる状態が一時的でないことを確認する。」の項目の中で，次のような記載があります。

・概ね１学期間は，対象児童生徒の行動観察，就学時の資料の検討，保護者との面談など専門家チームの判断のための基礎的な資料の収集に努めるとともに，対象児童生徒の学習の進捗状況に十分な注意を払う。

・なお，小学校１年生時は，１学期間では不十分な場合もあり，１年程度かける必要がある場合が多いので，原則として，基礎的な資料の収集に留めることとする。

　この記述から明らかなように，学習障害は学習につまずいて初めて学習障害かどうか判断されることになります。小学校入学前の説明会では，「原則として学校に入ってからひらがなや計算を覚えることになるので，心配はいりません。」と説明されていました。したがって，幼稚園や保育所の段階から学習障害という診断名をもつことは，おかしなことになります。１年生の段階でも知的発達に遅れがなく学力のつまずきがどの程度かを見るためには，１年ほどの観察を必要とします。

　2012年の文部科学省による「通常の学級に在籍する発達障害の可能性のある特別な視線を必要とする児童生徒に関する調査」結果の学習面で著しい困難を示す児童生徒の割合は，全児童生徒のうちの4.5％で，小学生が5.7％，中学生が2.0％でした。2022年の「通常の学級に在籍する特別な教育的支援を必要とする児童生徒に関する調査」結果の学習面で著しい困難を示す児童生徒の割合は，全児童生徒のうちの6.5％で，小学生が7.8％，中学生が3.7％であり，学習面で著しい困難を示す児童生徒の割合は増えています。

2　注意欠如・多動性障害（ADHD）

❶　ADHD の定義

　文部科学省（2003）では ADHD を次のように定義しています。

ADHD とは，年齢あるいは発達に不釣り合いな注意力，及び／又は衝動性，多動性を特徴とする行動の障害で，社会的な活動や学業の機能に障害をきたすものである。また，7歳以前に現れ，その状態が継続し，中枢神経系に何らかの要因による機能不全があると推定される（平成15年3月）。

❷　ADHD の特徴

　ADHD の特徴は，不注意と，多動性・衝動性の二つのタイプに分けることができます。ここでは，文部科学省（2012）の「通常の学級に在籍する発達障害の可能性のある特別な教育的支援を必要とする児童生徒に関する調査」の行動面（「不注意」「多動性−衝動性」）の項目を参考に ADHD の特徴を紹介します。なお，文部科学省の評価基準は「不注意」と「多動性−衝動性」の少なくとも一つの群で該当する項目が6ポイント以上を4段階（0：ないもしくはほとんどない，1：ときどきある，2：しばしばある，3：非常にしばしばある）で評価し，回答の0と1を0点に，2と3を1点に修正して項目ごとに合計点を算出します。

不注意

　まず，不注意の特徴として，気が散りやすい，うっかりミスが多いなどがあります（図6）。また，日々の活動で忘れっぽい，課題や活動に必要なものを無くしてしまうなどの特徴があります。また，周りの刺激に惑わされて課題で注意を集中し続けることが難しかったり，言われたことが入らず，指示に応じることができず課題や任務をやり遂げることができないなどの特徴があります。

図6　不注意

多動性−衝動性

　多動性として，低学年では教室で席にすわっていることができずに，立ち歩いてしまうことがあります。学年が進むにつれて着席できるようになるのですが，手足をそわそわ動かしたり，椅子を前後に動かしたりするなどの行動が見られます（図7）。また，おしゃべりが止まらなかったり，何かに駆り立てられたように行動したり，じっと静かに遊ぶことができないなどの

特徴があります。

　衝動性として質問が終わる前に答えてしまったり，順番を守れなかったり，興味のあるものに手を出したり，話に割り組んでくるなどの行動が見られます。また，人のしていることを遮ったりじゃまをしたりすることや，結果を考えずに行動したりしてしまうこともあります。

図7　椅子を前後に動かす

　2012年の文部科学省による「通常の学級に在籍する発達障害の可能性のある特別な教育的支援を必要とする児童生徒に関する調査結果」では，この項目に該当する児童生徒の割合は，全児童生徒のうちの3.1%（「不注意」が2.7%，「多動性－衝動性」が1.4%）でした。学年ごとのこの項目に該当した児童生徒の割合は，小学1年生で4.5%，小学6年生で2.7%，中学校3年生で1.8%でした。米国のDSM-5で17歳以上では該当する項目を減らしていることを踏まえると，この項目は年齢の低い児童をより多めに，年齢の高い生徒をより少なめに評価することに注意する必要があります。

　2022年の「通常の学級に在籍する特別な教育的支援を必要とする児童生徒に関する調査」結果の「不注意」または「多動性－衝動性」の問題を著しく示す児童生徒の割合は，全児童生徒のうち4.0%（「不注意」が3.6%，「多動性－衝動性」が1.6%）でした。学年ごとのこの項目に該当した児童生徒の割合は，小学1年生で5.6%，小学6年生で3.8%，中学3年生で1.6%でした。2012年の結果と比較すると，2022年は中学生では大きな変化は見られませんでしたが，小学生で対象となる児童の割合が増えていることがわかります。また，「多動性－衝動性」の項目と比較して「不注意」の項目に該当した児童生徒の割合が増えていることもわかります。

3　自閉症スペクトラム障害（ASD）

❶　ASD の定義

　2013年５月にアメリカ精神医学会の DSM-5 が改訂され，「レット障害」を削除し，「自閉性障害」「小児期崩壊性障害」「アスペルガー障害」「特定不能の広汎性発達障害」が「自閉スペクトラム症／自閉症スペクトラム障害 ASD」一つにまとめられました。DSM-5 によって，それまで別々のものとして位置づけられていたものを，一つの連続体としてとらえることが提唱されました。

　また，従来の自閉性障害の診断項目は，社会性の障害，コミュニケーションの障害，想像力の障害とそれに関連した反復的・極限的行動障害という Wing（1996）の三つ組みを基にしていましたが，DSM-5 では社会性の障害とコミュニケーションの障害とは明確に区別することが難しいとして，①社会的コミュニケーションおよび対人的相互反応における持続的な欠陥と②行動，興味，または活動の限局された反復的な様式の２領域に整理されました（土岐，2014）。

❷　ASD の特徴

　学習障害と ADHD の特徴は，文部科学省の調査票に基づいて特徴を紹介してきましたが，ASD については文部科学省の調査票は，以前の三つ組みの障害に基づいているので DSM-5 と異なるところがあります。本節では，DSM-5 の診断基準を参考に ASD の特徴を紹介します。

(1) 社会的コミュニケーションおよび対人的相互反応における持続的な欠陥

　まず，相互の対人的－情緒的関係の欠陥があります。具体的には，他者の行動をまねすることが少なかったり，なかったりします。また，人への関心が低く一人遊びが多い（図8），ルールにそった遊びができない（図9）などがあります。感情を共有することが少なかったり，一方的に意見を言ったり要求したりするために，通常の会話のやりとりができないなどがあります（図10）。さらに，相手の気持ちを理解することが困難であったり（図11），会話の途中で社会的な手がかりを理解して，会話に参加したり控えたりすることができないなどの行動があります。

　次に対人相互反応で非言語的コミュニケーション行動を用いることの欠陥があります。具体的には，視線を合わせることができなかったり，身振りや顔の表情，身体の向きが欠如したり，会話の抑揚がなかったり少なかったりします。他者と関心を共有するために対象を指さしたり，見せたり，持ってきたりすることがなかったり，他者の顔色をうかがう社会的参照の欠如などの共同注意の障害も指摘されています。また，機能的な身振りを少し習得する場合があります

図8　人への関心が低く一人遊びが多い

図9　ルールにそった遊びができない

図10　一方的に意見を言う

図11　相手の気持ちを理解することが困難

が，そのレパートリーは他者と比べて少なく，コミュニケーションの中で自然に表現豊かな身振りを用いることができません。さらに，会話に伴う非言語的コミュニケーションを会話と協調させることの困難さがあり，奇妙な，無表情，または大げさな身体言語であるという印象を与えることがあります。

　さらに，人間関係を発展させ，維持し，それを理解することの欠陥があります。具体的には，非常に固定化されたルールで遊ぶことに固執したり，ある状況においては適切であるが別の状況では適切でない行動（例：就職面接でのくだけすぎた行動），あるいはコミュニケーションに用いられることのある言語の異なった使い方（例：皮肉やお世辞）を理解することが難しかったりします。また，想像上の遊びを他者と一緒にしたり友人を作ることの困難さ，または仲間に対する興味が欠如したりします。

（2）行動，興味，または活動の限局された反復的な様式

　まず，常同的または反復的な身体の運動，物の使用，または会話に特徴があります。具体的には，単純な常同運動（例：手を叩く，指を弾く）や反復的な物の使用（例：貨幣を回す，おもちゃを一列に並べる）（図12），反復発語（例：反響言語，耳にした単語の遅延したまたは即

座のオウム返し，自分のことを言うとき「あなた」という単語を使用など）があります。

　次に同一性への固執，習慣への頑ななこだわり，または言語的，非言語的儀式行動様式があります。具体的には，好きな食物の包装にほんの小さな変化があることにこだわったり，規則遵守に対して固執するなどの思考の柔軟性のなさなど，変化に対して抵抗を示すことがあります（図13）。また，同じ質問を繰り返したり，同じ場所を行ったり来たりするなど言語的または非言語的儀式的様式を示すこともあります。

　さらに，極端に限定され固執した関心があります。具体的には，鍋に強くひき付けられる幼児，掃除機に夢中な子ども，何時間もかけて時刻表を書き出す成人など，その強度または焦点において異常なものになることがあります（図14）。

　最後に感覚入力に対する過敏さまたは鈍感さも指摘されています。具体的には，特定の音や触覚への過敏な反応，過度に物の臭いを嗅いだり触ったりすること，光または回転する物への強い興味，痛み，熱さ，または冷たさへの明らかな無関心，味，臭い，触覚，あるいは食物の見た目に対する極端な反応またはそれらに関する儀式，行き過ぎた食事制限などがあります。

図12　反復的な物の使用

図13　変化に対する抵抗

図14　得意なことがある一方で極端に苦手なものがある

【文献】

American Psychiatric Association（2013）Diagnostic and Statistical Manual of Mental Disorders, Fifth edition（DMS-5）. American Psychiatric Publishing, U.S. 高橋三郎・大野裕監訳（2014）DSM-5　精神疾患の診断・統計マニュアル，医学書院.

Goodman, L, & Hammill, D.（1973）The effectiveness of the Kephart-Getman activities in developing perceptual-motor and cognitive skills. Focus on Exceptional Children, 4, 1-9.

govinfo Discover US Government information PL 94-142.

Hammill, D. D. Goodman, L., & Wiederholt, J. L.（1974）Visual-motor processes: Can we train them? Reading Teacher, 27, 469-478.

干川隆（1999）アメリカ合衆国における個別教育計画（IEP）. LD（学習障害）―研究と実践―，7（2），44-52.

国立特殊教育総合研究所（1995）教科学習に特異な困難を示す児童・生徒の類型化と指導法の研究. 特別支援級報告書（特殊研 C-28）.

国立特殊教育総合研究所（1999）学習困難児の指導方法に関する実証的研究. 特別研究報告書（特殊研 C-33）.

Lerner, J.（1993）Learning Disabilities; Theories, Diagnosis & Teaching Strategies, Sixth Edition. Boston MA: Houghton Mifflin Company.

Mercer, C. D.（1997）Students with Learning Disabilities Fifth Edition. Upper Saddle River NJ: Prentice-Hall, Inc.

Mercer, C. D. & Pullen, P.C.（2009）Students with Learning, Disabilities Seventh Edition. Upper Staddle River NJ: Pearson Education, Inc.

文部科学省（2012）通常の学級に在籍する発達障害の可能性のある特別な教育的支援を必要とする児童生徒に関する調査結果（平成24年度）.

文部科学省（2022）通常の学級に在籍する特別な教育的支援を必要とする児童生徒に関する調査結果（令和４年）.

文部省（1999）学習障害に対する指導について（報告）. 学習障害及びこれに類似する学習上の困難を有する児童生徒の指導方法に関する調査研究協力者会議.

土岐篤史（2014）DSM-5の改訂と自閉症理解. 障害者問題研究，42，100-106.

Wing, L.（1996）The autistic spectrum: a guide for parents and professionals. London, England: Constable and Company.

第 3 章

学習のつまずきのとらえ方

1　背景にある認知特性

　学習障害の児童生徒は，知的発達に遅れがないにもかかわらず学習につまずいています。保護者や担任から大学や専門家に求められるのは，児童生徒に知的発達の遅れがないにもかかわらず，学習につまずいている理由です。その理由の説明に，私は「認知特性」という用語を用います。

　梅本（1987）は，「認知とは知ることであり，認識ともいう。知るためには知覚，記憶，学習，思考が必要であり，認知はそれらを必然的に含む。」と述べています。つまり認知は，人の心の中の活動のすべてにかかわる言葉ということになります。

　心理学では，認知特性という用語はあまり用いられていませんが，認知型（Cognitive Style）は認知特性に近い概念です。心理学辞典（藤永，1981）によれば，認知型とは，「刺激と反応をつなぐ個体内部の認知的な媒介過程を説明するために構成された，個人差に関する仮説的な概念である。この媒介過程によって，環境は個人にとって心理学的意味をもつように組織化され処理されることになり，行動にもある程度の一貫性が生じるのだと考えられる。」と記されています。すなわち，認知特性は認知型と同様に個人差を表す仮説構成概念であるということです。

　認知特性はあくまでも仮説構成概念なので，そのものを取り出すことはできません。したがって，テストや観察を通じて仮説を立てて，それに基づいて支援して効果を実証することができて初めて，認知特性を想定することの妥当性を検証できます。認知特性という用語が学校で用いられるようになって危惧されることは，「この子が勉強ができないのは特性のせいだ。」と認知特性が児童生徒の学習のつまずきの原因とされ，何も対応しない教師の言い訳に利用されることです。認知特性を想定しても学習のつまずきが改善されなければ，認知特性という言葉を用いる意味がありません。認知特性として学習につまずいている児童生徒の背後にあるものを想定し，それを改善しようと取り組んだ結果，学習のつまずきを改善することができてはじめて，認知特性という仮説構成概念を想定することの妥当性を示すことができます。

　認知特性と言われるととても難しいことのように思われがちですが，現段階では認知特性は，主に視覚的な情報処理が得意なのか聴覚的な情報処理が得意なのかを示します。あるいは，認知特性は，短期に記憶ができるけど長期に保持できないなどの記憶の問題，不必要な情報を抑制して適切な情報に注意を集中するなどの注意の問題，さらには課題が二重課題になったときに成績が落ちてしまうなどのワーキングメモリの観点などがあるに過ぎません。認知特性は，決して教室の外にある現象ではなく，教室の中で起きている児童生徒の学習や行動の実態を調べることで推測することができます。

2　認知特性をどのようにしてとらえるか

　では，目に見えない認知特性は，どのようにしてとらえることができるのでしょうか。ここでは教室内での実態把握と，WISC-Ⅳによる実態把握について説明します。

❶　教室内での実態把握

　認知特性は，専門家でないととらえることができないものと思われがちですが，私は，教師でも観点がわかると認知特性を把握することができると考えます。教室内で認知特性は，1）学習のつまずき（誤り）の分析，2）動的評価，3）認知特性アンケートによる評価，それに4）プログレスモニタリング（形成的評価），によって教師でも把握することができます。

(1) 学習のつまずき（誤り）の分析

　前述のように認知特性は，視覚的な情報処理が得意なのか聴覚的な情報処理が得意なのかから判断することができます。学習のつまずきをみたときに，教科内のアンバランスさの問題があります。例えば算数では，「図形」や「測定」は視空間認知と密接に関連しています。したがって，「数と計算」は学年相応にできるのに「図形」や「測定」になるとできない場合には，認知特性として視覚的な情報処理に困難さがあることが推測されます。また，漢字の誤り分析などによって，へんとつくりが入れ替わっていたり画数が一本多かったりする形態エラーが多い児童生徒の場合には，視覚的な情報処理に困難さがあり，同じ音なのに違う漢字を書いてしまう音韻エラーの多い児童生徒の場合には，聴覚情報と視覚情報の対応に困難さがあると推測されます。したがって，学習のつまずきを細かくみることによって，その児童生徒の認知特性を推測することができます。

(2) 動的評価

　動的評価は，英語では dynamic assessment と表されます。動的評価は，教師の専門的な指導と，プロンプト（ヒント）を使用して，児童生徒の理解度の現状を把握することです（Swanson, 1996）。つまり，児童生徒が誤答をしたときに，教師の想定している階層構造に基づいて順にプロンプト（ヒント）や手がかりを与えたときにどのくらい正答することができるかによって，児童生徒の理解度を把握できます。動的評価は通常の学級の支援場面にも当てはまります。例えば，授業で児童生徒に口頭で一斉に指示を出したときにA君は何をして良いのかわからなかったとします。そこで教師が指示内容を黒板に書いたところ，A君は指示内容を理解し課題に取り組むことができました。あるいは口頭での指示が通じなかったときに教師が指示カードを用意して提示すると，A君は指示カードによって指示内容を理解し，課題に取り組むことができました。このことから教師は，A君が聴覚的な情報処理が苦手で視覚的な情

報処理が得意であると判断することができます。このようなヒントや手がかりを与える動的評価によって、教師はその正答率の変化などから、児童生徒の認知特性を推測することができます。

(3) 認知特性アンケートによる評価

　中学生や高校生の場合には、認知特性アンケートを実施することによって、対象の生徒の認知特性を推測することができます。木原（2011）は、通常の学級にいる高校1年生を対象に認知特性アンケートを作成して実施しました。因子分析の結果、木原は視覚探索因子と聴覚言語理解因子、注意・集中コントロール因子があることを明らかにし、視覚探索得点と聴覚言語理解得点の両方とも高い「バランスタイプ」、視覚探索得点が高くて聴覚言語理解得点の低い「視覚優位タイプ」、聴覚言語理解得点が高くて視覚探索得点が低い「聴覚優位タイプ」、それに注意・集中コントロールなどが高い「補償タイプ」の四つに生徒を分けて、認知特性に合った漢字支援を実施しました。具体的には、「バランスタイプ」の生徒には、最初の答え合わせの際、解説プリントで間違ったところにしるしをつけてよく読むように指示し、「視覚優位タイプ」の生徒には、間違った部分が視覚的に印象に残るように色をつけたり丸印でかこんだりするよう指示しました。「聴覚優位タイプ」の生徒には、声に出して読むように指示したり形などで覚えにくいところは言語化（例えば「手へんの下ははねる」など）するように指示しました。補償タイプは、それぞれの下位得点に合わせた学習を指示しました。木原は、それぞれの生徒の認知特性に合った漢字支援を夏休みに6日間にわたって実施したところ、統制群に比べて実験群の漢字得点が有意に高いことを示しました。この研究で示されたように、高校生になると生徒は自分自身の特性を客観的にとらえることができるので、認知特性アンケートを用いて認知特性を把握することができます。

(4) プログレスモニタリング（形成的評価）

　プログレスモニタリングは、対象の児童生徒に複数回テストを実施し、その学習の進捗状況から支援法の妥当性を検討することができます。例えば、対象の児童生徒が聴覚よりも視覚が優位であると仮定し、視覚的な手がかりを意識した教材を作成し支援後にテストをします。その結果、学習の進捗が確認されればその支援法が妥当であると結論づけることができ、それによって対象の児童生徒がその支援法によって効果的な認知特性をもっていると結論づけることができます。

　プログレスモニタリングができると、児童生徒にとって学びやすい方法を実証的に検討することができます。例えば、聴覚的な特性を生かして漢字を覚える際に音声リハーサル（語呂合わせ）で覚えるグループ、視覚的な特性を生かして漢字パズルで覚えるグループ、それにエピソードの強さを生かした成り立ちグループの3群を設定して、児童生徒の学習の好みによって

三つの学習方法の中から一つを選択させます。学習と合わせて毎週漢字テストを実施し，その学習の進捗状況をモニターすることによって，児童生徒に適した学習方法を実証的に見つけることができます。このようにプログレスモニタリングを実施することができれば，その得点の推移から適切な学習方法を見つけることができます。

❷ WISC-Ⅳによる実態把握

(1) WISC-Ⅳとは何か

WISC-Ⅳ（Wechsler Intelligence Scale for Children 第4版）は，Wechslerによって開発された世界で最も広く使用されたWISC-Ⅲの改訂版として2003年に登場しました。日本版は，2010年12月に完成し，特別支援教育の主要なアセスメントツールとして普及しています。WISC-Ⅳは，主に以下のことを測定することができます（松田，2015）。
- 同年齢集団の平均を基準に，集団内における個人の相対的な位置を知ることができる（個人間差）。
- 指標得点間または評価得点間の差の大きさから，認知面の得意・不得意や凹凸の特徴を検討することができる（個人内差）。

(2) WISC-Ⅳの合成得点

医療機関や発達支援センターなどの専門機関から担任教師や保護者に伝えられるのは，五つの合成得点についての説明です。そこで，その五つの合成得点について上野（2015）と松田（2015）の文献を基に以下に説明をします。

① 全検査IQ（FSIQ）

FSIQは，全体的な知的発達を表しています。FSIQは90〜109が平均に位置し，理論上この範囲に50％の人が入ります。80〜89は平均の下，70〜79は低い（境界域）となり，69以下は非常に低いと表記します。合成得点は平均を100とし1標準偏差を15としています。したがって，FSIQが2標準偏差以上低いことから測定誤差の余白を含めて65〜75（70±5）は，有意に知的発達が遅れていると判断することができます。特にWISC-Ⅳでは，FSIQの数値だけでなくパーセンタイル値や信頼区間を併せて報告することを奨励していることから，数値だけでなくそれらの情報を踏まえて考える必要があります。

ちなみに，WISCではFSIQが69以下の2.0標準偏差以下の人の理論上の割合を2.2％としています。知的障害の診断に当たってはFSIQの値だけでなく適応状況を踏まえて診断されることになりますが，WISCはもともと2.2％の割合を「非常に低い」として設定しています。このことは，2.2％の人は知的発達の観点から，何らかの支援を必要としていると推測することができます。昭和や平成の初期の特別支援教育の対象となる児童生徒の割合が1％に満たなか

ったことを思い出してください。つまり当時は多くの知的障害の人たちが，支援の網からすり落ちてしまっていたことがわかります。

　指標得点のディスクレパンシーが大きい場合には，FSIQ のみで子どもの認知特性を解釈すると重要な情報を見落としてしまう危険性があります。具体的には，発達障害の子どもでWMI と PSI が低いことによって FSIQ が低くなっている場合などでは，VCI と PRI の基本検査によって算出された指標である一般的知的能力指標（GAI）を全体的な認知発達の水準の推定として用います。

②　言語理解指標（VCI）

　VCI は，言葉が意味する内容や性質を考える力（言語概念形成），語彙の知識，社会的ルールや一般的事実に関する知識（一般的知識），言語情報に基づく推理を反映する指標として位置づけられます。VCI の弱い子どもは，言語や概念の意味理解を必要とする活動などに困難を示し，語彙の知識や一般知能の獲得の困難さのために学習のつまずきを示します。また，VCI の弱い子どもは語彙の知識や言語による推理の弱さのために，言われたことを正確に理解しそれに応じて自分の考えを端的に表現することに困難が生じることが多いと指摘されています。

　VCI の弱い子どもへの対応として，説明や指示を始める前に重要な言葉や概念の意味を伝える，習得済みの言葉を使って新しい概念を説明する，新しい単元や学習内容に入る際には新たに登場する言葉や概念の意味調べの機会をつくる，などの配慮が指摘されています。視覚的な情報処理の得意な子どもの場合には，視覚情報を活用した教材や支援は有効です。

③　知覚推理指標（PRI）

　PRI は，視覚情報の処理，非言語（視覚）情報による推理を反映する指標です。PRI の弱い子どもは，主に非言語情報の理解や処理のつまずきと推理力や応用力，あるいは新規場面の問題解決能力のつまずきと関係することが指摘されています。前者の中には，図表や絵の理解の弱さ，視覚的イメージ使用の困難，視空間認知の弱さなどが含まれます。後者の中には，作業手順や段取りを考えることが苦手で，具体的な指示がないと作業の途中で手間取ることなどがあります。

　このような子どもには，視覚情報をシンプルにし，目標を明示し見通しをもたせる，問題解決の手順や活動の順序を明示することが指摘されています。言語や聴覚による処理が得意な子どもの場合には，言葉による説明など言語や聴覚を活用した教材や支援は有効です。

④　ワーキングメモリー指標（WMI）

　WMI は，ワーキングメモリ容量を反映する指標です。WMI の弱い子どもは，一度にたくさ

んのことを言われると，それらを記憶しながら考えることが難しくなります。また，記憶を使いながら考えることが苦手なため，聞いたり，話したり，読んだり，書いたりしながら，頭の中で情報を整理したり，順序立てたり，統合したりすることが困難となります。

WMIの弱い子どもに対する支援の基本は，ワーキングメモリの負荷を減らすための配慮と工夫です。記憶を助けるために，常に本人が確認できるような見える手がかりを用意することは重要です。口頭による指示は短く，簡潔に，そして繰り返す配慮が必要です。また，指示や手順を思い出すきっかけを多く与えることも必要です。

⑤ 処理速度指標（PSI）

PSIは，視覚情報を早く正確に判断し，その結果を早く正確に書く力を反映しています。その他，筆記技能，視覚的短期記憶，動機づけや注意の持続（集中力）も検査結果に反映されていると考えられています。PSIの低い子どもに共通するつまずきは，読み書きの困難，思考の柔軟性や切り替えの困難などです。特に板書の書き取りが苦手な子どもがいます。PSIの低い子どもに対する対応の基本は，十分な時間を与え，書く負担を減らし，せかさないことが指摘されています。

❸ WISC-V について

本書を執筆していた2022年2月10日に，WISCの第5版として日本語版 WISC-V が販売されました。そこで，この節では，WISC-V の主な変更点について述べます。

(1) 4因子から5因子へ

マニュアルによると，今回の改訂の目的は，「一般に，知能の構造モデル，認知神経科学，神経発達学的研究及び心理測定法の進歩，ならびに現代の臨床における実際的要求を配慮することである」と記されています。WISC-V では WISC-Ⅳの知覚推理指標が視空間指標および流動性推理指標に分けられて5因子で作成しています。

(2) 下位項目の変更

まず，FSIQはこれまでの10検査ではなく，類似，単語，積木模様，行列推理，バランス，数唱，符号の7検査となり測定時間の短縮が図られています。続いて，5因子の主要指標は，それぞれの下位検査は2検査ずつとなり，よりわかりやすくなりました。ワーキングメモリー（WMI）の指標の下位検査は，これまでの語音整列から絵のスパンへと入れ替えられました。各指標の下位検査については，表に示しています。これまでの数唱と語音整列の聴覚的な課題だけでなく，視覚ワーキングメモリーおよびワーキングメモリー・キャパシティーを評価することができます。

また，今回新たに補助指標が加わり，量的推理指標（QRI），聴覚ワーキングメモリー指標（AWMI），非言語性能力指標（NVI），一般知的能力指標（GAI），認知熟達度指標（SPI）が含まれます。補助指標得点を用いることで，子どもの WISC-V の成績の付加的または裏づけとなる情報を入手することができます。

表1　WISC-V の主要指標と補助指標の下位検査

主要指標

言語理解 VCI	視空間 VSI	流動性推理 FRI	ワーキングメモリー WMI	処理速度 PSI
類似 単語	積木模様 パズル	行列推理 バランス	数唱 絵のスパン	符号 記号探し

補助指標

量的推理 QRI	聴覚ワーキングメモリー AWMI	非言語性能力 NVI	一般知的能力 GAI	認知熟達度 CPI
バランス 算数	数唱 語音整列	積木模様 パズル 行列推理 バランス 絵のスパン 符号	類似 単語 積木模様 行列推理 バランス	数唱 絵のスパン 符号 記号探し

【文献】

藤永保（1981）新版心理学辞典．平凡社．

木原美香（2011）高校生の漢字学習に及ぼす認知特性に合わせた集団指導の効果．熊本大学大学院教育学研究科修士論文（未公刊）．

松田修（2015）WISC-Ⅳによるアセスメント手順．上野一彦・松田修・小林玄・木下智子（著），日本版 WISC-Ⅳによる発達障害のアセスメント―代表的な指標パターンの解釈と事例紹介―．日本文化科学社．

Swanson, H. L. (1996) A cognitive assessment approach Ⅱ. In D. K. Reid, W. P. Hresko, & H. L. Swanson, Cognitive Approach to Learning Disabilities Third Edition. Austin TX: Pro-ed

上野一彦（2015）WISC-Ⅳの合成得点の解説と解釈．上野一彦・松田修・小林玄・木下智子（著），日本版 WISC-Ⅳによる発達障害のアセスメント―代表的な指標パターンの解釈と事例紹介―．日本文化科学社．

梅本堯夫（1987）認知とパフォーマンス．東京大学出版会．

Wechsler D. (2022) 日本語版 WISC-V 知能検査　理論・解釈マニュアル．日本文化科学社．

第4章

学習のつまずきと
不適切な行動への対応

1　漢字のつまずきへの対応

❶　漢字につまずく児童生徒

　米国の場合には，英語の表記と発音が異なるので，読みにつまずいている児童生徒が多いと考えられます。一方，日本では，ひらがなは表記と音が同じなので拗音や促音などの特殊音節を除くと比較的読みのつまずきが少ない一方で，漢字は読み書きが難しく，本教室に通って来ているほとんどの児童が漢字の学習を課題として取り組んでいます。

　漢字につまずく児童が多い背景として，小学3年生以降では，漢字の正答率が60%台まで下がる（総合初等教育研究所，2005）など，障害のない子でも漢字を十分に習得できない状況が指摘されています。また，学年が上がるほど漢字学習を家庭学習や自主学習などで児童に任せる傾向にあること（棚橋，2000）や，一般的に教育現場で行われてきた漢字書字教授が，機械的な模写中心の指導が主流であり，その後の書字練習が学習者の自主的な活動に任されているといった指摘（駒井，1993）があります。漢字学習のつまずきは，漢字だけでなく学習の意欲の低下をも生み出し，課題や学業のつまずきや失敗経験の積み重ねが自尊感情の低下を引き起こしていると推測されます。

　この章では，これまで学習支援教室で実践してきた漢字の支援方法と教材を紹介します。初めて学習障害の児童生徒にかかわる教師や保護者にとっては，具体的にどのような教材を用いたら良いかわからないとの意見を聞くことがありました。そこでこの章では，これまで本教室で学生が用いてきた漢字の支援方法と教材を具体的に紹介します。一般に販売されている教材を用いることもありますが，これまで述べてきたように学習のつまずきの背景に，「認知特性」があることを理解していただけると，よりその教材を用いることの意味がわかりやすいでしょう。

❷　つまずきへの対応において集めるべき情報

(1) 背景となる情報

　これまで述べてきたように，学習障害は学習につまずいているから学習障害です。WISCなどの指標にアンバランスがあったとしても，学習につまずいていなければ学習障害ではありません。したがって，学習障害の定義に当てはまるかどうかを判断するためには，次の情報を集める必要があります。

①　知的発達に遅れはないか？

　知的な遅れがあった場合には，知的障害として対応する必要があります。特に知的障害との境界線上にいる児童生徒で，認知的なアンバランスが大きい児童生徒の場合には，学習障害として対応するのが良いか知的障害として対応する方が良いか慎重に考える必要があります。

② 他の教科では遅れはないか？

　認知的なアンバランスさを推測するためには，国語ではつまずいているが算数では平均的な成績にあるなど教科間のアンバランスさを調べる必要があります。すべての教科でつまずいている児童生徒は，学習障害としてよりもむしろ知的障害として対応する必要があります。

(2) 国語の能力に関する情報

　次のステップは，国語の教科の中で領域間にアンバランスがあるかどうかです。

① 読めるのか？

　漢字は書けないけれども，読みは問題がないという児童生徒がいます。また，漢字を書くことも読むことも同年齢の児童生徒と比べると著しく困難である場合もあります。したがって，漢字がどれくらい書けるのかだけではなく，漢字の読みにつまずきがないかどうかも確認します。

② 話せるのか（学年相応の語彙力があるか）？

　全体的に語彙が少なかったり順序立てて話ができないことも，国語の漢字を覚えたり読んだり作文を書いたりする能力と関連します。また，ASD の児童生徒の中には，相手（話し手）の気持ちや意図を読み取ることができない子がいます。このため普通に日常会話ができるのか，あるいは TPO に合わせて敬語を使ったり相手の手がかりに合わせて発言したり控えたり，会話の内容を変えたりすることができているか，相手にわかるような話し方ができているか，学年相応の語彙力があるかなどを評価する必要があります。

③ 書けるのか（漢字だけが書けないのか，かなも書けないのか）？

　小学生で漢字の書きにつまずいている場合に，まずひらがなやカタカナが書けるのかを調べる必要があります。特に，カタカナは漢字の部首としても覚えるときに活用できるので，どれくらい書けるかを把握しておくことで支援に生かせます。

　次に，これまで学習した漢字をどの程度，想起して書けるかについて調べます。多くは，プリントで右側にひらがながふってあり左側のますやかっこの中に漢字を書く教材を用います。学年別漢字配当表によれば，１年生は80字，２年生は160字，３年生は200字，４年生は202字，５年生は193字，６年生は191字の漢字を習得しなければなりません。したがって，下学年の漢字をどこまで習得しているかについて把握する必要があります。

(3) 書くことの評価に関する情報

　次に，漢字がどのくらい書けるかについて評価します。そのときに次の視点は役立ちます。

① 情報処理的な見方

　人の認知過程を推論するには，情報処理的な見方が有効です。情報処理的な見方とは，人の認知過程をコンピュータに例えて，“入力⇒処理⇒出力”の観点からとらえることです。例えば，入力の問題は，手本を置いて視写はできるかどうかを調べることでわかります。このときに書く場所のすぐ隣に手本を置いたり，板書のように遠くに置いて写したりするなどを試してみます。児童生徒の中には，手元のものは写せるけれども板書のように遠くのものを写そうとすると情報を保持することができない場合があります。このため，文節では写せず，一文字一文字，中には漢字を一画一画ずつ写しているので，とても時間がかかってしまっている場合もあります。したがって，入力過程のつまずきを評価するために，視写のときに手本の位置による違いや一度に何字ぐらいを単位としてまとめて写せるかどうかを観察することは重要です。

　また出力過程として，何も手がかりがなくひらがなを見て漢字を想起する再生の場合と，いくつかの漢字の中から適切な漢字を選ぶ再認の場合があります。児童生徒の中には，再生はできないけれども再認ができる子どもがいます。この子は漢字を書けないけれども，パソコン入力のようにいくつかの漢字の中から一つを選択することはできます。この場合，記憶の保持はできているのに出力の過程に問題があると考えることができます。私たちも最近ではパソコンで文字を入力しますが，そのときはいくつかの候補の中から一つを選択することになります。いくつかの中から正しい漢字を選ぶためには，語彙力が必要になります。したがって，入力の感覚様式（モダリティ）や出力に差があるかどうかを把握しておくと，支援するときに役に立ちます。

② 誤り分析

　児童生徒にプリントなどで漢字の書きの問題を与えたときに，児童生徒がどのような誤り方をしたかを把握することによって，児童生徒の認知特性を推測することができます。ここでは石井・雲井・小池（2003）を参考に次のように誤りを分析しました（表2を参照）。

形態エラー

　形は似ているけれどもへんとつくりが反対であったり，線が一本多かったり少なかったりする形態エラーがあります。形態エラーは，視空間認知に問題がある場合に多くみられます。したがって，へんとつくりの足し算・引き算のようにパーツを意識させたり，間違い探し課題として間違った字と正しい字を同時に提示して，正しい字を選択させる再認課題を実施することで，対象の児童生徒は細部に気をつけて書けるようになります。

表2　漢字の誤り分析の例

分類	例						
形態エラー	油→由	住→往	陽→陽	薬→楽	練→練	青→青	悪→悪
音韻エラー	包→放	欠→結	初→所	課→下	央→王	他→多	二日→二火
形態音韻の区別が難しいエラー	祭→際	週→周	地→池	気→汽			
意味エラー	軍→兵	辺→周	械→機	左→右	路→道	階→段	実→果
その他エラー	医→家	立→合	音→十	力→人			

音韻エラー

　音韻エラーは，音が同じだけれど違う漢字を書いてしまうことです。例えば，「号令」を「合令」，「持病」を「自病」，「主な」を「思な」，などの例があります。これらは聴覚情報と視覚情報（漢字）との対応に問題があると推定されます。また，語彙が少なく漢字の意味が十分にわかっていないと同じ音として再生してしまうので，このような誤りが増えてしまいます。

意味エラー

　意味エラーは，「男」を「女」，「草」を「花」など意味が類似した部分をもつ誤字のことです。原因として熟語に関するレキシコン（心内辞書）が形成不全で，個々の漢字の関係が不確かな場合には，意味的に類似した漢字を誤って書字することが考えられます（小池ら，2002）。

空欄

　児童生徒の示す誤りの中で一番多いのは，わからないと言って何も書かない空欄です。空欄は漢字を習得できていないためですが，障害のない児童生徒の多くは，何とか思い出そうとして思いついた字を書いてみたり，へんやつくりなどの一部を書いてみるなど試行錯誤します。しかし，発達障害の児童生徒の中には，全く漢字を書こうとしない子がいます。これは，漢字を書けないことからくる二次的な障害として，自分のできない面が評価されることへの不安や書くこと自体に抵抗があると推測されます。したがって児童生徒が空欄を示したときには，書けない背景に評価に対する不安や書くことへの抵抗があることを考える必要があります。

　また，漢字をテストする際に1枚のプリントに50問の問題を出すよりも，1枚10問のプリントを5枚用意するなど問題の様式の配慮や，プリント1枚終えたらシールが1枚もらえるなどの強化子を工夫することによって，書くことそのものへの抵抗に配慮する必要があります。

その他

　その他は，音韻エラー，形態エラー，意味エラーのいずれにも分類できない部分をもつ誤字のことです。

（4）覚え方（方略）に関する情報（形成的評価）

　漢字がどれくらい書けたかを正答率として把握することは重要ですが，対象児の用いている覚え方（方略）を把握することは，その後の支援を考える上で役に立ちます。具体的には，漢字を書けたときに「こんな難しい漢字をよく覚えていたね。」などと聞くと，何人かの児童生徒は覚え方について話してくれます。例えば，「同じクラスの○○くんの名字の一部だから覚えていた。」などと答える児童生徒の場合には，エピソードとして印象に残っていると漢字を覚えやすいことが推測できます。

　思考過程を言語化するためには，認知に関する知識としてのメタ認知能力が必要になります。このため，小学校低学年であったり知的発達に遅れがあったりする児童生徒の場合には，自分の思考過程を言葉で表すことが難しい場合もあるので，解答の様子やつぶやきをじっくりと観察しておくことは，支援の手立てを考える上で重要です。その際に次のような視点は重要です。

①　得意な感覚情報の把握

　本人が漢字を覚える上で，得意な感覚情報は何かを推測してみましょう。具体的には，視覚的な情報が本人にとって覚えやすいのか聴覚的な情報が覚えやすいのか，あるいは空書や書き取りのように身体感覚を伴った覚え方が覚えやすいのかなどです。

②　ワーキングメモリの観点からの推測

　バデリーのワーキングメモリのモデルに基づいて，視空間スケッチパッド（視覚情報の一時的な保持と処理）に問題があるのか，音韻ループ（聴覚言語の一時的な保持と処理）に問題があるのか，エピソディックバッファー（エピソードの一時的な保持とバインディング）に問題があるのか，その三つを調整したり長期記憶から情報を出し入れする中央実行系に問題があるのかを推定しながらかかわります（丹野・干川，2017）。また，重ねて指示を出したときに指示が伝わり難かったり，何かをしながら何かをするような二重事態になると成績が下がってしまう児童生徒の場合には，ワーキングメモリ容量が制限されているためと推測することができます。ワーキングメモリの観点からとらえることによって，どのように対応したら良いかの手がかりを得ることができます。

❸　認知特性に合った漢字支援の可能性

　現在のところ，認知特性に合った漢字支援として次のようなことが考えられます。

（1）視覚が苦手で聴覚が得意

　視覚情報を処理したり保持したりすることに難しさがあるけれども，聴覚情報を処理したり保持したりするのに問題がない児童生徒には，聴覚情報に置き換えたり聴覚を活用したりする

工夫が可能です。このような児童生徒に対しては，具体的には，音声リハーサル（語呂合わせ）が有効です。覚えるときに語呂を言わせながら書かせる，語呂を読み上げて漢字カルタを行うなどを工夫することで，児童生徒は語呂を手がかりに漢字を覚えることができます。さらに，児童生徒は高学年に進むにつれて，自分の知っていることと関連づけて語呂を覚える「意味づけ方略」を習得したり，覚えるための語呂を自ら考えるといった覚え方そのものを習得することも大切です。

(2) 聴覚が苦手で視覚が得意

　聴覚情報の処理は苦手だけれども，視覚情報の保持や処理には問題がない児童生徒の場合，視覚情報を活用した覚え方や想起の仕方が有効です。

　具体的には，へんとつくりの足し算・引き算をすることで，同じへんの仲間を整理して覚えることができ，想起するときに頭の中の引き出しから取り出しやすくなります。また，漢字パズルや漢字シートとして，へんやつくり（さらに細かな部分）をパズルにして重ね合わせて漢字を作ることで，児童生徒は個々の部分の特徴を把握し，漢字を覚えることができます。

(3) エピソードに強い

　児童生徒の中には，授業中に担任の教師がおもしろいことを言ったことで印象に残ってずっと覚えていたり，自分の好きなアニメ映画を細部にわたって覚えていたりなど，エピソードを覚えるのがとても得意な児童生徒がいます。このようなエピソードに強い児童生徒の場合には，漢字の成り立ちを担当者と一緒に調べる活動を通して印象に残して漢字を覚えることができます。また，学習支援教室でイラストを見たり描いたりし，担当者とおもしろおかしく漢字カードを作ったことをきっかけとして，漢字を覚えることができる子もいます。

(4) 身体感覚が得意

　覚えるときに視覚や聴覚よりも，何度も書いたり空書するなど身体を動かす方が覚えやすい人もいます。これまでの学校教育で主に行われてきた方法は，書き取りや空書などの身体感覚を使ったものです。また，『あかねこ漢字スキル』（光村図書出版）などの書くことを中心とした市販されている教材を用いることも有効です。ただし学習障害の児童生徒の中には市販されている教材を見て，情報量が多く「目がちかちかする。」と感想を述べた児童生徒もいました。必要に応じて用紙を切って漢字数を減らしたり，他の情報が入りにくいようにスリットを用いたりすることも有効でしょう。

(5) ワーキングメモリの弱さを補う

　バデリーのワーキングメモリのモデルでの中央実行系の役割は，視空間スケッチパッド（視

覚）と音韻ループ（聴覚）という二つの下位システムを関連づけることになります。中央実行系そのものを鍛えるのは難しいのですが，視覚と聴覚とを関連づけたり，不必要な情報を抑制したりして中央実行系を機能させることが考えられます。またワーキングメモリ容量が限られている児童生徒の場合には，部首を覚えることによって情報のまとまりを意味するチャンクの数を減らすことで，漢字を覚えられるようになった子もいました。

❹　漢字支援のプログレスモニタリングの方法

　漢字を支援する際に，その支援方法が妥当なのかどうかについて厳密に評価する必要があります。これまで学習支援教室で行ってきた学習の進捗状況を把握するためのプログレスモニタリングの方法は，以下の通りでした。

①　確認テスト

　支援をしたその日の最後に，もう一度支援した漢字のテストをしてどれくらい覚えているかを確認します。このテストによって，支援した漢字をどれくらいの割合で習得できているかを正答率で見ることで，短期記憶の能力を評価することができます。

②　復習テスト

　支援した次の週の最初に，前回に支援した漢字がどれくらい習得できているかどうかを評価します。これによって，長期記憶として漢字をどれくらい確実に保持できているかを評価することができます。

③　評価テスト

　学期や支援期ごとに，それまで支援した漢字がどのくらい習得できているかを評価します。

　これらのテストを毎回実施し，データを得ることで学習の進捗状況をモニターすることができます。また，個別の指導計画での短期目標では，この評価テストの正答率を従属変数として用いることができます。評価テストによって，支援した漢字の80％から90％以上を習得できていれば，支援方法が有効であったと判断できます。

❺　実態把握と評価の仕方

　漢字に限らず実態把握のときのポイントは，何も介入しないでその正誤について調べることです。家庭教師や塾などでは，なるべく間違えさせないように誤りそうなときにヒントを出しています。ヒントを出したり教えてしまったのでは，正確に習得の実態を把握できません。間違えそうになっても，まずはヒントを与えるなどの介入はしないで，できたかできなかったかを把握するようにします。実態が把握できたら，段階的にヒントを出してみて，どのヒントな

ら再生できるかを把握することは，その後の支援につながります。

　支援後の評価の際にも，色の手がかりなどのヒントとなるものを外し，間違えそうになってもヒントを与えたりせずに，実態把握と同様の手続きを用いて評価します。このように同じ手続きによる実態把握と支援後の評価結果を比較することによって，支援方法の妥当性を実証することができます。

【文献】

白石範孝（2003）漢字九九カード．学研．

石井麻衣・雲井未歓・小池敏英（2003）学習障害児における漢字書字の特徴―誤書字と情報処理過程の偏りとの関係について―．LD研究，12，333-343.

小池敏英・雲井未歓・渡邉健治・上野一彦（編著）（2002）LD児の漢字学習とその支援――人ひとりの力をのばす書字教材．北大路書房．

駒井利江（1993）知覚運動過程を重視した漢字書字指導方略のための調査研究．早稲田大学日本語研究教育センター紀要，5，1-26.

総合初等教育研究所（2005）教育漢字の読み・書きの習得に関する調査と研究．総合初等教育研究所．

棚橋尚子（2000）小学校における漢字指導の実態―教師のアンケート調査を中心に―．群馬大学教育学部紀要，49，139-151.

丹野優・干川隆（2015）．ワーキングメモリ容量からみた発達障害児に対する部首を活用した漢字指導の効果．熊本大学教育学部紀要，64，151-158.

丹野優・干川隆（2017）．ワーキングメモリの観点からみた児童の漢字のつまずきの分析．熊本大学教育学部紀要，66，133-143.

認知特性に合った漢字支援（聴覚の活用）

 音声リハーサル（語呂合わせ）を用いた漢字支援

❶ 支援のポイント

　視覚的な情報処理が弱くて聴覚的な情報処理が得意な児童の場合，聴覚情報を活用した方法として，以下のような音声リハーサル（語呂合わせ）の方法があります。音声リハーサルを用いる場合に，以前は「漢字九九カード」（学研）などを参考に語呂を作っていました。しかし，市販されている本の語呂が覚えにくい場合には，担当者が作成した語呂を児童に唱えさせて覚えさせることもあります。また，児童と一緒に言いやすい語呂を考えて，その語呂を漢字カードに記入しながら完成させる場合があります。

❷ 漢字カルタを用いた事例

　Aさんは，学習障害（以下「LD」）とASDの診断を受けた小学6年生です。Aさんは，漢字に対してとても苦手意識があり，覚えるのにとても時間がかかっていました。Aさんの誤答の中で一番多かったのは空欄でした。その次に形態エラーが多く，線の過不足や部首が異なるといったものが多くあり，思いついた部分から書くために筆順がばらばらでした。Aさんは支援したときには覚えられるのですが，次の週になると忘れてしまい長期に記憶を保持することができませんでした。

　Aさんが漢字を覚えることの困難さの背景として，WISC-IVの結果，FSIQの分類は低いであり，言語理解指標（VCI）に比べて知覚推理指標（PRI）が有意に低かったことから，視覚的情報の処理に対する苦手さが考えられました。視覚的情報の処理の困難さは，漢字の形態エラーの多さからも裏づけられます。またAさんは，なじみのある漢字は覚えていましたが，別々の漢字を覚えていても熟語として出されると書けないこともありました。そのことは，Aさんの語彙の少なさが影響していると考えられました。

　上述の視覚的情報の処理の困難さに対しては，音声リハーサル（語呂合わせ）を用いた漢字カルタを作成した支援を行いました（図15）。これは，Aさんの聴覚による言語的な理解と表現や推理が得意であることを生かして，聴覚を活用した音声リハーサル（語呂合わせ）による学習が効果的であると考えたからです。また，音声リハーサルを筆順に沿ったものにすることにより，自然に正しい筆順を覚えて書くことができることを期待しました。さらに，漢字を覚える際に絵があることで，理解を促すようにしました。特にアセスメントで間違った細かい点や線に注目させるために，語呂の中で強調したりカルタに印をつけたりして細部を意識して覚えられるようにしました。このような支援の結果，Aさんは語呂を覚え語呂を言いながら漢字を書けるようになりました。Aさんは支援した77字中64字（83%）を正答できるようになり，

語呂のヒントを与えると70字（91%）正答できました。またAさんは，語呂に合わせて正しい筆順で漢字を書くことができるようになりました。

図15　音声リハーサル（語呂合わせ）を用いた漢字カルタの例

❸　漢字カードを用いた事例

　小学３年生のB君は，LDとASDの診断を受けていました。小学２年生の漢字書字の実態把握において160字中87字（54%）を正答し，誤答した73字の内訳は，空欄41字，形態エラーが28字，その他のエラーが４字でした。空欄に次いで多かった形態エラーは，線の過不足などの細部のミスが目立ちました。自信のない漢字になると，B君は大まかな形を書いて支援者の反応をうかがった後，「こういう感じなのはわかるんだけど思い出せない。」と発言することがありました。

　WISC-Ⅳでは，FSIQは平均にあり，知覚推理指標（PRI）が言語理解指標（VCI）に比べて有意に低く，視覚的な情報を処理することが苦手であると考えられ，これは漢字の書字の際，細部に注目することが難しいB君の実態と一致しました。また，ワーキングメモリー指標（WMI）も言語理解指標（VCI）に比べて有意に低く，このことは，課題に取り組む際に注意・集中を持続することが難しかったり，漢字の大まかな形は書けるが細部まで想起することが難しかったりするB君の実態と一致していました。

　B君は，視覚的な情報処理を苦手とする一方で，言葉による理解や表現，推論などが得意であると考えられました。また，ゲーム的要素を取り入れた活動のときに，集中して取り組んでいました。そこで，音声リハーサル（語呂合わせ）による支援を行いました。新しく学習する漢字を自分の力で覚えることができるように構成要素に分け，それに対応した語呂を作るという一連の作業をB君自身が行うようにしました（図16）。また漢字カルタや漢字ビンゴゲーム

を行い，注意・集中を持続させるとともに，漢字を長期記憶に保持できるようにしました。

　新しく支援した２年生の漢字の評価テストを行った結果，Ｂ君は61字中57字（93％）を正答することができました。誤答した４字中３字は「よく見直してね。」と声をかけると，Ｂ君は自分で間違いに気づいて正しく書き直すことができ，残りの１字は語呂のヒントを出すと正答することができました。漢字カルタの作成では，Ｂ君は素早く構成要素に分解できるようになり，既知の漢字や部首を用いてより大きいまとまりで漢字をとらえようとしていました。また，Ｂ君は，語呂の隣にイラストを自発的に描くようになり，漢字の意味をイメージしながら学習に取り組んでいました。

 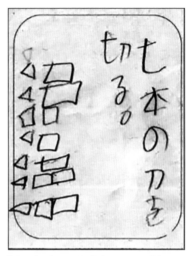

図16　Ｂ君が作成した音声リハーサル（語呂合わせ）を用いた漢字カルタの例

❹　パーツを関連づける漢字カードを用いた事例

　小学４年生のＣ君は，ＬＤの診断を受けていました。Ｃ君は，文字の読み書きに対して著しい困難があり，漢字のテストでは漢字を想起する際におおまかな形は想起できるものの全体としての正しい形をとらえることができておらず，誤りの多くが形態エラーでした。Ｃ君は，漢字の一部分だけを思い出し，思い出したパーツから書き進めるためへんとつくりの位置が逆転したり，パーツが過不足するといった間違いが目立ちました。また，筆順もバラバラになっていました。Ｃ君は，漢字のテストの際に，問われている語を支援者が読み上げることで集中している時間が増加し，結果として正答率が上昇することがありました。

　WISC-Ⅳでは，FSIQの分類は平均の下であり，処理速度指標（PSI）が他の３指標に比べ有意に低いことが示されました。Ｃ君は，視覚的情報の処理・識別や位置関係の把握に困難があり，空間的・総合的に処理することが難しいと推測されました。これは，漢字のおおまかな形は想起できるものの，全体の正しい形を把握しておらず，形態エラーが目立つというＣ君の

実態と一致していました。一方で，言語理解指標（VCI）やワーキングメモリー指標（WMI）の得点が高いことから，言葉による理解や表現，推論など聴覚的な情報処理は比較的得意であると考えました。

　そこで，音声リハーサル（語呂合わせ）による支援を行いました。漢字をパーツごとに分解し色分けした漢字カードを作成しました（図17）。色分けすることで，漢字の構成要素を意識できるようにしました。漢字カードの表には，漢字と一緒に音読みと訓読みを添えました。裏には，語呂と一緒にイラストを添えイメージしやすいよう工夫しました。また，語呂を筆順に沿ったものにすることにより，自然に正しい筆順を覚えて書けるように工夫しました。

　４ヶ月間で新しく支援した55字の漢字の評価テストを行った結果，Ｃ君は55字中47字（85%）を正答することができました。Ｃ君は評価テストの際に，語呂を唱えながら漢字を書いたり，「こんな語呂だったよね？」と支援者にヒントを求めたりしていました。また，「変な絵だったね。」と，イラストを想起しているときもありました。語呂とイラストを関連づけて示し語呂を唱えながら練習をしたり，漢字カルタゲームで語呂を聞いたりすることによって，Ｃ君の中に語呂が音とイメージの両面から記憶されたと考えられます。筆順についても，語呂に沿うことで自然と身につけることができました。

 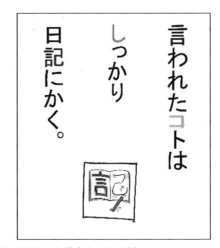

図17　パーツを関連づける語呂合わせを用いた漢字カードの例

認知特性に合った漢字支援（方略の活用）

 ## 意味づけ方略を用いた事例

❶ 対象児の概要

　小学４年生のD君は，LDとADHDの診断を受けていました。D君は普段から既習の漢字を使って文章を書くことが苦手でした。何度練習しても覚えられないことから漢字の書字の宿題を嫌がり，終わるまでに何時間もかかっていました。実態把握では，国語の「書く」は小学２年生レベルにあり，「書く」領域の中でも特に学年配当の漢字を書く項目が達成できていませんでした。D君は，３年生の漢字200字中98字（49％）を書くことができませんでした。誤字した98字の内訳は，形態エラーが72字，意味エラーが21字，空欄が5字でした。形態エラーでは線の過不足や形は似ているが細部が違うといった間違い方をしていました。

　WISC-Ⅳの結果，FSIQの分類は平均の下であり，言語理解指標（VCI）と知覚推理指標（PRI）の間には有意な差はみられませんでした。下位検査の結果から，形を認識して操作したり視覚的な情報の全体像を把握したりする能力が弱いことが指摘されていました。これは，漢字を視写する際に部分的には正しいですが，文字全体のバランスが悪かった実態と一致していました。また，D君は漢字の書字練習の際に未習の漢字の部首を，既習の漢字の形と似ていると指摘していました。さらに，ワーキングメモリー指標（WMI）が言語理解指標（VCI）に比べて有意に低かったことから，D君はイメージや意味づけしにくい聴覚情報の記憶は苦手であることが推測されました。そこで言葉で意味づけ有意味化して，長期に記憶しやすくする支援が有効であると考えました。

❷ 支援の経過と結果

　支援で用いた漢字シートには，B5サイズの用紙に漢字の読み・部首・使い方，さらにD君の考えた漢字の意味づけ方略を書字できる枠を入れました。漢字シートはファイリングされ，D君が家に持ち帰り復習ができるようにしました。これを用いて，D君に漢字の音・訓読み，意味，使い方の他に部首を確認させました。さらに漢字の構成要素に分解する過程を加え，意味づけ方略をD君が考えることで漢字をより想起しやすいようにしました。

　意味づけ方略は，図18のようにD君に漢字の構成要素を分解させ，構成要素一つ一つがどのような形なのかを認識させました（既習の漢字，カタカナ，部首等）。この段階で完成したものを，（a）構成要素無意味羅列化としました。支援者の羅列した構成要素を使って言葉が作れるかという助言により検討し，完成したものを（b）構成要素有意味羅列化としました。さらに漢字がどんな言葉で使われているのかについて，D君と話し合いながら漢字の意味も含めて羅列させたり文章にしたりしながら構成要素を組み合わせました。この段階でできた意味づ

けを（c）構成要素有意味文章化とし，意味づけ方略を作る支援を行いました。分解した構成要素は漢字シートに記入し，漢字がどの部首であり，どのような構成なのかを認識させた上で意味づけ方略を作成しました。D君にとっては，（c）構成要素有意味文章化が効果的でした。

　評価テストの結果，正答率は88％でしたが，ヒントとして語呂の一部を提示すると正答率は98％に達しました。保護者からは，形態エラーが減り以前に比べると学校の漢字テストの点数が上がっていることや，自信がついてきたとの報告がありました。またD君は，学習支援教室で自分が考えた意味づけ方略を両親に紹介し，両親が感心しほめてくれることを楽しみにしていました。これらの結果から，支援者はD君自身が漢字を覚えることに自信がもてるようになってきたと判断しました。

❸　語呂を作成するときの注意
(1) 語呂はあくまでも漢字を想起する際の手がかりです

　児童と一緒に語呂を作成するときは，児童も支援者も楽しく活動をすることができます。しかし，せっかく作成したのにほとんど語呂を覚えられなかったり漢字の想起に語呂を活用できなければ，語呂を用いた支援は意味がありません。語呂を用いる場合には，作成した語呂が想起に役立っているかどうかを確認する必要があります。

(2) 良くある失敗例

　漢字を見ながら語呂を作成すると，一画ずつ語呂を作るなど細かくなってしまって語呂が覚えられないことがあります。特にワーキングメモリー指標（WMI）が低い児童にとっては，記憶すべきチャンク数を減らす必要があります。また児童の中には，語呂を言えるのですが，どの漢字の語呂であったかを覚えていないことがあります。このようなときには，語呂の最初に当該漢字を含めるようにしましょう（例：神様の神はネエさんが1日中神だのみ）。

【文献】

光神彩加（2018）学習障害のある児童への漢字の意味づけ方略の効果の検討. 熊本大学特別支援教育特別専攻科平成28年度修了論文（未公刊）.

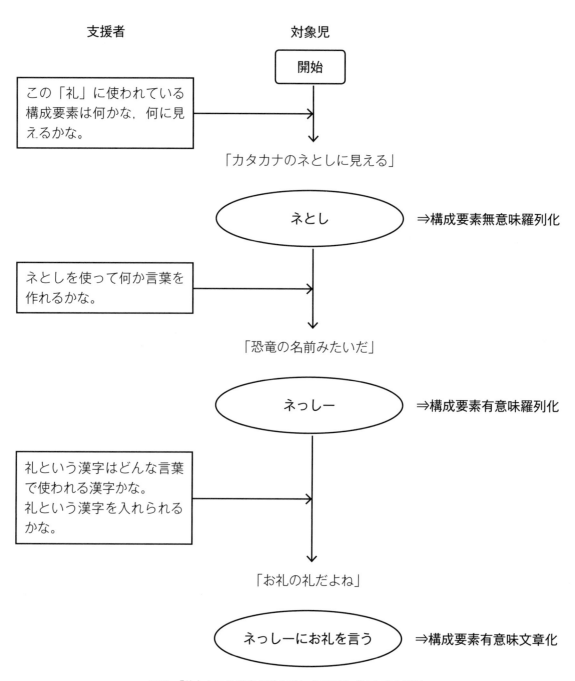

図18 「礼」という漢字を覚えるときの意味づけ方略の過程

取り組み 3

認知特性に合った漢字支援（視覚の活用）

 視覚が優位な児童への支援

❶ 支援のポイント

　聴覚情報の処理は苦手だけれども，視覚情報の保持や処理には問題がない場合，視覚情報を活用した覚え方や想起の仕方があります。具体的には，漢字パズルを用いてパーツを組み合わせる活動を通じて漢字を習得することができます。

❷ 漢字パズルを用いた事例

　小学6年生のE君は，LDの診断を受けていました。E君は漢字の誤答では空欄が最も多く，そのほかの誤答は，線の過不足や細かい部分の間違いが目立っていました。また，E君は集中するまでに時間がかかり，早く終わらせたいという気持ちから字が雑になったり，間違っても消さずに二度書きしたりしていました。さらに，不注意による間違いが頻繁に見られました。

　WISC-Ⅳの結果から，FSIQ の分類では平均の下にあり，言語理解指標（VCI）に比べて知覚推理指標（PRI）が有意に高く，視覚的な情報を取り込み，全体として意味あるものにまとめ上げる力の高さが示唆されました。また WISC の結果から，E君は聴覚的な情報処理より視覚的な情報処理の方が得意であること，語彙が少なく言葉の理解や表現が苦手であることがわかりました。さらに，E君は視覚的な手がかりを用いて複数の部分を一つに構成していく力と，全体を部分に分解する力が高いこともわかりました。

　そこで，図19のような漢字パズルを使った漢字支援を行いました。漢字パズルでは，それぞれの漢字を2枚から多くて5枚の部首や線に分けて，E君に1枚ずつなぞり書きしながら画数を唱えさせます。すべてのシートが重なったら，もう一度E君になぞり書きをさせます。繰り返して実施することで漢字を覚えることができたら，書字練習プリントを用いて読み・書字・熟語の練習をしました。E君は，量が多いと早く終わらせようとするので，プリントの書字する量を少なくしました。また，E君が意欲をもって取り組めるように学生との対戦形式の漢字パズルを行いました。これは，その日支援した漢字のシートをすべて机上にバラバラに置き，正しい漢字を競争して素早く完成させるものでした。支援の結果，E君は支援した漢字63字中58字（92%）を正答することができました。

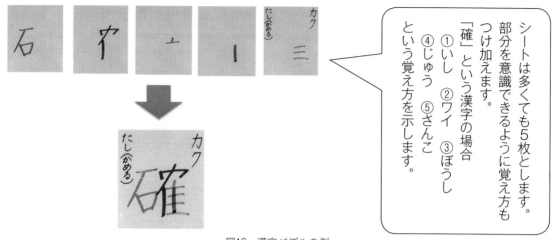

シートは多くても5枚とします。
部分を意識できるように覚え方も
つけ加えます。
「確」という漢字の場合
①いし　②ワイ　③ぼうし
④じゅう　⑤さんこ
という覚え方を示します。

図19　漢字パズルの例

❸　漢字カードを用いた事例

　小学5年生のFさんは，LDの診断を受けていました。Fさんの漢字の誤答の特徴は，大ま
かな形で覚えているものが多く，一画の過不足や一部分の形の間違いなどでした。「漢字嫌
だ。」という発言から苦手意識が推測されましたが，Fさんは，わからない漢字に対して読み
が同じで簡単な既習のものを書き，空欄を少なくしようと取り組んでいました。

　WISC-Ⅳの結果は，FSIQは平均の下にあり，言語理解指標（VCI）と知覚推理指標
（PRI）の間に有意な差はなく，ワーキングメモリー指標（WMI）と処理速度指標（PSI）が
言語理解指標（VCI）に比べ有意に低いことを示しました。Fさんは，言葉による理解や表現，
推論が得意である一方，聴覚的短期記憶や視覚的短期記憶の苦手さがあり，注意・集中を持続
させることが難しいと考えられました。また，Fさんは，無意味なものの処理や記憶が難しい
と考えられました。これは，音声リハーサルを活用した支援では56字中29字（52%）しか正答
することができなかった実態とも一致しました。

　Fさんは，音声リハーサルのような言葉で意味づけした支援では，覚え方（語呂）を正確に
記憶することに苦手さを感じていました。そこで，聴覚的短期記憶や視覚的短期記憶の苦手さ，
注意・集中を持続させることの難しさ，無意味なものの処理や記憶の難しさに配慮した支援と
して，図20に示した漢字カードを用いて，①色分けされた構成要素の組み合わせで漢字を印象
づける支援と，②ゲーム的要素を取り入れた漢字パズルによる支援を実施しました。

　支援の結果，Fさんは上記の支援方法で支援した漢字31字中22字（71%）を正しく書くこと
ができました。漢字パズルゲームに取り組むことにより，Fさんの漢字学習に対する注意・集
中を高めることができました。また，Fさんに漢字パズルゲームの審判をさせると，Fさんは
自らホワイトボードに正答を書き，支援者が選んだ誤答の組み合わせと誤答の理由を指摘する
こともできました。

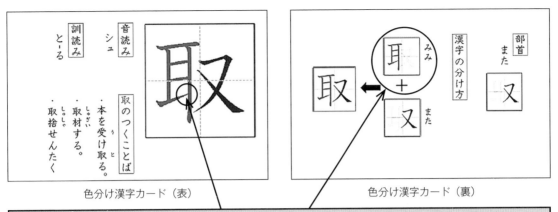

色分け漢字カード（表）　　　　　色分け漢字カード（裏）

間違えやすい細部については，構成要素を確認するときに，説明を加えて注目させます。
（例：「取」について，「みみ」の5画目は突き出さないことに注意します。）

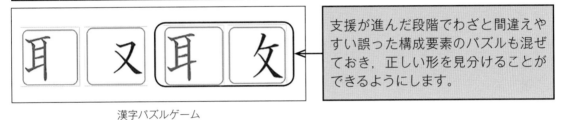

支援が進んだ段階でわざと間違えやすい誤った構成要素のパズルも混ぜ
ておき，正しい形を見分けることができるようにします。

漢字パズルゲーム

図20　カードの例

❹　虫食いプリントを用いた事例

　小学4年生のGさんは診断を受けていませんでしたが，漢字につまずきがあり学習支援教室に通って来ていました。支援をしていく中で，Gさんは漢字の大まかな形は覚えることができるものの，漢字の細かい部分の間違いや，線の過不足といった形態エラーが多くみられました。

　Gさんは，WISC-Ⅳの結果から，FSIQは平均の下にあり，知覚推理指標（PRI）が他の指標よりも有意に高く，視覚的な処理の得意さが推測されたため，まず，漢字カルタや漢字パズルでの支援を行いました。しかし，それらの支援だけでは，漢字の細部まで目を向けられなかったため，漢字の細かい部分や線の本数までは覚えることができず，形態エラーが多くみられました。

　Gさんは，視覚的な情報処理が得意であるため，視覚的な情報を多く用いて漢字の想起や記憶に結びつける支援が有効だと考えました。また，WISC-Ⅳの結果で下位検査の「絵の完成」に強さがあることが指摘されていました。そのため，漢字の一部を隠して提示し，Gさんが漢字を完成させて書字をする漢字プリント（以下，虫食いプリント）での支援を行うことにしました（図21を参照）。用いた虫食いプリントでは，Gさんが実態把握で間違えた漢字の一部分や，間違いやすい部分にシールを貼って隠しました。

Gさんは，虫食いプリントを行うことにより漢字を正しく書けるようになり，正答率が上昇しました。また，可愛いシールの貼ってある虫食いプリントを，クイズのように楽しんで行う姿が見られました。そのため宿題の虫食いプリントも積極的に行うことができ，正答率の上昇につながりました。

❺　その他の教材（間違い探し）

　漢字が一画多かったり少なかったりする児童に対しては，漢字の細部に注目させるために間違い探しを実施します。対象の児童に，漢字の間違いについて一つ一つ何が違うのかを説明させた後に，正しい漢字を書かせます。この活動を通じて，対象の児童は細部に注意して漢字を書くことができるようになりました（図22）。

　発展課題として，児童に間違い探しの問題を作成させることは，活動に対する動機づけを高めます。ある児童は，とめ・はね・はらいなどのわずかな違いを間違いとして設定した問題を出題し，支援者に解答させることによって，児童自身がとめ・はね・はらいを意識できるようになりました。

図21　虫食いプリントの例

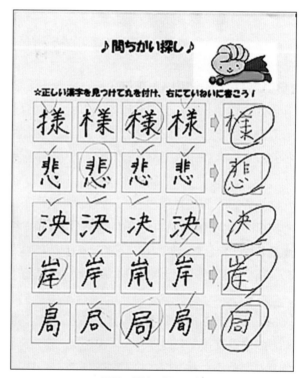

図22　間違い探しの例

認知特性に合った漢字支援（エピソードの活用）

 エピソードに強い児童への支援

❶ 支援のポイント

　学習障害の児童の中には，印象に残ったエピソードを覚えている子がいます。学習支援教室で，学生と一緒に漢字の成り立ちや意味を調べてそれを漢字カードに書いたりする作業を通じて，漢字を覚えることができるようになった児童もいます。ここでは，エピソードに強い児童への支援について述べます。

❷ 漢字４コマカードを用いた事例

　小学４年生のH君は，ASDとADHDの診断を受けていました。H君は，２年生の漢字の書きでは，140字中23字（16%）しか書けず，漢字に対する苦手意識をもっていました。誤答の中でも一番多かったのは，空欄でした。H君が漢字を思い出す際に一番多かった手がかりは，友だちの名前や教師のお話などエピソードで覚えているものでした。また，注意・集中の持続が困難で，気が散りやすく難しい問題や覚える情報量が多すぎると，机に伏せたりイスをがたつかせたりすることがありました。

　H君のFSIQの分類は低いにあり，WISC-IVの結果から，①形を形態的に記憶することの困難さと②抽象的な視覚的情報に対する苦手さが考えられました。①の形を形態的に記憶することの困難さは，漢字の形態エラーの多さに表されています。また，②の抽象的な視覚的情報に対する苦手さは，「花」，「石」といった象徴的な漢字に比べ小学２年生から「自」，「元」といった抽象的な漢字が多くなるにつれて漢字の想起が困難になっている実態と一致していました。また，H君は語彙が少なく，なじみのある漢字（父，姉）は覚えていましたが，誤答した漢字はほとんど意味を知りませんでした。

　上述の①形を形態的に記憶することの困難さに対しては，漢字の構成要素をイラスト化したカードを用いた支援を行いました。構成要素をイラストにすることによって，形態エラーが多いH君に部分に注目させることを目指しました。また，言語的な意味づけやエピソードで覚えることが得意なことから，語彙量の少なさに対して漢字４コマカードを用いることで，漢字の意味をエピソードで覚えることを目指しました（図23）。また，漢字の書きに関しては読みを覚えるだけでなく，４コマ目をH君に作らせその漢字を使った文章を書かせることで，よりエピソード記憶に残るようにしました。

　このような支援の結果，H君は93字中72字（77%）正答することができました。H君は，漢字４コマカードの中に使い方や知っている意味を入れることで，「『海底』は海の底のこと」のように知らなかった漢字や熟語に対しても既有の知識とつなげて覚えることができました。

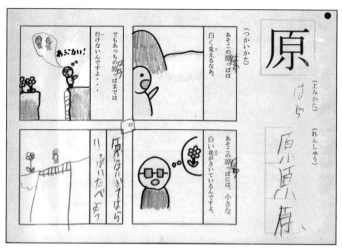

図23　漢字４コマカードの例（原をがんだれと白と小に分けて印象に残るように工夫）

❸　漢字クイズや成り立ちカードを活用した事例

　小学４年生のI君は，LDの診断とADHDの疑いの指摘を受けていました。I君の小学２年生の漢字の実態把握をしたところ，書きについては160字中78字（49％）の正答で，誤答の内訳で空欄が最も多く69字，次いで形態エラーが11字，音韻エラーが２字でした。学校での漢字テストの点数が低く，漢字学習について「あんまり好きじゃない。」という発言もありました。

　I君は，WISC-Ⅳの結果より，FSIQの分類では平均の下であり，処理速度指標（PSI）がワーキングメモリー指標（WMI）と比べて有意に高かったことから，視覚的な情報処理が得意であり，似ている漢字や同じ部首の使われる漢字と一緒に覚える支援を行いました。しかし，I君は当該漢字を想起する際に似ている漢字を想起していました。そのため，当該漢字にかかわる絵や図の視覚的な情報を基に，漢字の想起に結びつける支援が有効であると考えました。

　具体的には，漢字クイズ（図24左）で支援する漢字の成り立ちの図と漢字とを結びつけ，支援する漢字を確認しました。当該漢字の読み方，使い方，筆順，成り立ちを確認しました。成り立ちは，絵や図だけでなく意味や豆知識も確認し，漢字への関心にもつながるようにしました（図24右）。漢字の細部を誤らないように漢字の間違い探しをして，正しい形で書字練習をしました。また，漢字ビンゴを用い，支援した漢字だけではなく過去に誤答のあった漢字の復習もしました。

　学期末の評価でI君は，支援した小学２年生の漢字の書きについて，55字中48字（87％）を正答することができました。確認テストや復習テストを行う際，I君は「この漢字の成り立ちは確かこんな感じだった。」と漢字の原型や成り立ちの絵を余白に書くこともあり，成り立ちにかかわる絵や図から漢字を想起していました。「成り立ちっておもしろい。」「（「米」を分解すると「八十八」になることを知り）分解も楽しいね。」など，I君は漢字の覚え方について積極的な発言が多くみられ，漢字への苦手意識も少しずつ軽減していることが推察されました。

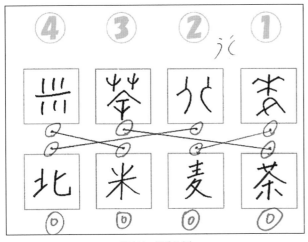

漢字クイズの例

漢字の成り立ち・豆知識カードの例

図24　漢字クイズと成り立ち豆知識カードの例

❹　その他の教材（成り立ちから覚える）

　成り立ちを知ることによって漢字に興味を示し，エピソードの強さを生かして覚えることになります。

　図25のように，成り立ちに合わせてイラストを添えたカードを作成することで，あのとき先生が作ってくれたあのイラストがついたカードの漢字として記憶に残すことができます。

図25　成り立ちにイラストを添えた
漢字カードの例

取り組み 5 認知特性に合った漢字支援（WM 容量を補う）

 ### ワーキングメモリの弱さへの配慮

❶ 支援のポイント

　WISC-Ⅳで他の指標に比べてワーキングメモリー指標（WMI）が有意に低い児童の場合，主に聴覚的なワーキングメモリが弱いことが推測されます。このため語呂合わせの語呂を覚えられないことがあります。また，漢字パズルを用いても，情報量が多く細かなパーツを覚えきれないことがあります。そのときは，カルタなどを用いて部首を覚えさせる方法が有効です。へんとつくりのように部首を覚えることで，覚えなければならないチャンクの数を少なくすることができ，漢字をより覚えやすくできるでしょう。

❷ 事例の概要

　丹野・干川（2015）は，LD と ADHD，ASD の診断を受けている J 君と LD と ASD の診断を受けている K 君に対して，部首を取り入れた漢字支援を実施しました。二人とも小学6年生で，WISC-Ⅳの結果は，FSIQ の分類が平均にあること，他の指標に比べてワーキングメモリー指標（WMI）が有意に低いことを示しました。

　J 君は，「書きたくない。」などの発言があり漢字の書字に対して苦手意識があり，3年生の漢字を200字中8字（4％）しか書くことができませんでした。誤答の内訳は，空欄が最も多く184字，形態エラーが7字，意味エラーが1字でした。正答した漢字は「『豆』は豆腐が大豆からできていることを習った。」といった授業中のエピソードから覚えていました。WISC-Ⅳの結果や学習の様子から，語彙の少なさが推測されました。WISC-Ⅳの結果から，J 君はワーキングメモリの低さが見られる一方で，視覚的な情報処理や理解は得意でした。そこで，①部首を用いた既存の構成要素を活用する学習，②漢字カードを作成しエピソードに残る学習，③構成要素どうしをイラストにし部首の意味と漢字の意味をつなげ，既存の知識を活用する学習が有効と考えました。

　K 君は，漢字を覚えることに対して「似ているからわかりづらい。」との発言がありました。3年生の漢字を200字中128字（64％）を，4年生の漢字を200字中67字（34％）を書くことができました。誤答の内訳は空欄が最も多く137字，形態エラーが40字，音韻エラーが12字，意味エラーが12字，その他が4字でした。正答している漢字の中で多かったものは，日常的に使用している漢字でした。WISC-Ⅳの結果から，視覚情報や言語情報の理解や処理は得意でしたが，ワーキングメモリ容量が限られていると推測されました。そこで，①既存の知識とつなげる学習，②更新の影響を避けるため部首カルタ（図26）などの構成要素の学習，③漢字カードの作成等でエピソード記憶を活用する学習が有効であると考えました。

❸　支援の経過と結果

　27週から29週にわたる上述の①と②の支援の結果，J君の評価テストの正答率は90％となり，K君の評価テストの正答率は97％でした。学習時の様子として，J君は支援のはじめの頃は，漢字の構成要素や部首に対して「難しい。」「知らない。」といった発言が多く見られました。しかし，部首を中心とした構成要素の学習を進めていくにつれて，「この漢字は『さんずい』が入っている。」と発言するように構成要素に注意を向けられるようになりました。K君は，支援のはじめの頃は，漢字の学習になると「嫌だ。」「めんどくさい。」などのネガティブな発言でしたが，支援が進んでくると「部首のカルタ取りがしたい。」「弟に部首を教えた。」などのポジティブな発言に変わりました。

図26　部首カルタの取り札の例（部首名を読みあげて，できるだけ速く取り札を取る）

❹　その他の教材
①　既習の漢字を使って未習の漢字を覚える

　図27は，対象児が「走」という漢字をすでに習得しており，それと「起」とを関連づけて支援した例です。同様に，「員」を覚える際にも，「貝」と「口」をすでに習得していたので，その二つを入れた語呂を提示しました。

②　検索手がかりの例

　ワーキングメモリ容量が限られた子の場合，すべての語呂を覚えることは難しいのですが，書き始めの部首を思い出すことで残りのパーツが思い出せるようにするために，図28のような漢字カードを用いました。図28に示すように「救」の漢字を覚えるときに，最初の部首である「求」をすぐに思い出すことで，残りのパーツも思い出すことができました。

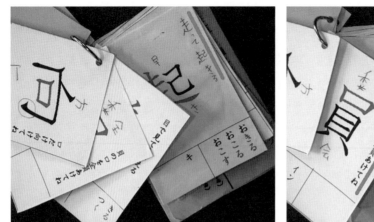

図27　既習の漢字を使って未習の漢字を覚える

図28　漢字の最初の部首を想起するための漢字カードの例

【文献】

丹野優・干川隆（2015）．ワーキングメモリ容量からみた発達障害児に対する部首を活用した漢字指導の効果．熊本大学教育学部紀要，64，151-158.

取り組み
6

認知特性に合った漢字支援（学級での支援）

通常の学級での認知特性に合った漢字支援の例

❶ 研究の概要

　これまで説明してきたことは，主に大学での学習支援教室で実施してきたことです。通常の学級の教師は，これらの知見をどのように学級での支援に生かすことができるのかと疑問に思われるかも知れません。

　この疑問に答える研究の一つに，冨永・干川（2014）の研究があります。冨永は，教室の中の児童をワーキングメモリ・テストバッテリー（WMTB）により，音韻ループ課題の評価点が高い聴覚情報タイプと，視空間スケッチパッド課題評価点の高い視覚情報タイプ，それに両方とも高い複合タイプの三つのグループに分けました。聴覚情報タイプは耳からの情報処理が得意であり，視覚情報タイプは目からの情報処理が得意，複合タイプは自分なりの方略をもっていると考えました。

❷ 具体的な支援

　研究では，小学３年生の児童を対象に３年１組を実験群とし三つのタイプに合った漢字カードを用いた漢字書字支援を実施しました（図29〜図31）。３年２組は統制群とし，通常の授業を実施しました。９月〜11月までの間で週に２回の認知特性に合った漢字支援を実施した結果，支援前では実験群と統制群の間に差がなかったのですが，実験群は統制群に比べて支援後に漢字テストの得点が有意に上昇しました。また，実験群では支援前に比べて支援後に有意に漢字テストの得点が上昇しました。複合タイプでは支援の前後で得点の有意な変化は見られませんでしたが，聴覚情報タイプと視覚情報タイプは有意な効果が示されました。また，支援後の４件法による実験群の児童へのアンケートでは，「覚えやすかったか」の問に対して，32人中29人が「そう思う」「とてもそう思う」と回答していました。「自分に適した方略だったか」の問に32人中26人が「そう思う」「とてもそう思う」と回答していました。「今後も使用したいか」の問に対して32人中29人が「そう思う」「とてもそう思う」と回答しており，方略が児童の漢字の習得に役立ったことが明らかとなりました。

　本研究は，冨永が大学院の研究の一環として実施しているため，事前にそれぞれの認知特性に合った教材を準備することができました。実際に学級担任として実施する場合には，今までの仕事にさらに教材の作成というオプションを加えることになりますので，勤務の時間を考えるとどれくらい実行可能かの問題はあります。しかし，冨永の研究は，少なくとも認知特性に合った教材を準備することができれば，児童が漢字をより習得しやすいことを示した点で貴重な研究です。

冨永は，認知特性を把握するためにWMTBを用いましたが，実際に学級内でWMTBを用いることは難しいです。その解決策として児童自身に自分の好きな方略グループを選択させるのはいかがでしょうか。児童が選んだ方略を使って覚え，その結果を複数回に渡ってテストし，その結果をモニターすることができれば，その方略が児童にとって覚えやすい方略かどうかを実証することができるでしょう。

図29　視覚情報タイプが用いた意味づけ足し算方略の例

図30　聴覚情報タイプが用いた音声リハーサル方略の例

図31　複合タイプが用いた意味・成り立ち方略の例

【文献】

冨永真理・干川隆（2014）通常の学級における小学生の漢字学習に及ぼす認知スタイルに合わせた集団指導の効果.
　熊本大学教育学部紀要，63，175-185.

2 作文，読解，書くことのつまずきへの対応

❶ 背景にある認知特性

　これまで，認知特性に合った漢字支援について述べてきました。漢字以外の作文や文章問題（読解）や書くことを支援する際にも，認知特性に合った支援を考えることが重要です。

　私も意外だったのですが，児童の中には「いつ」との問いに対して時間を尋ねられていることがわからずに間違ってしまう子がいました。そのことがわからないと，教師は「よく読んで！」「注意して！」の声かけだけで終わってしまいます。また，ワーキングメモリの容量が限られている児童の場合に，読解は読むことと理解することの二重課題事態であり，よく読もうとすると問題で尋ねられていることがわからなくなってしまいます。このときに，そのつまずきの背景に認知特性があることをわかっていれば，認知特性に合わせて手順書を用意したり，ワーキングメモリ容量に配慮した支援を行うことができます。そのような支援によって，学習障害の児童が普通に授業に参加でき授業内容を習得することができます。

❷ 動機づけを高める工夫

　事例に示されているように，学習障害の児童はできないことに対して苦手意識をもっています。専門家の中には，苦手な部分を無理矢理させるよりも得意な部分を伸ばすべきだとの意見があります。では，苦手だから全く触れずに学習ができないままで良いのでしょうか。実は本人は，自分ができないことをとても気にしています。教室に通ってきている児童の中でも，支援の当初は学習に対して嫌がったり抵抗を示したりしていました。しかし，支援方法がその子の特性に合ってくると，嫌がったりする行動が減少します。また，学習障害の児童は，できたという実感がもててくると苦手意識が軽減していきます。

　学習支援教室では，児童の苦手な部分にアプローチします。このため課題を明確化したりトークンエコノミー法を活用したり，ゲーム的な要素を取り入れることで学習に対する抵抗を減らすように工夫しています。

　ここでは，漢字支援以外の学習支援について紹介します。

作文のつまずきへの対応

1 作文のつまずきの評価

● 作文のつまずき

発達障害のある児童にみられる作文のつまずきを表3に示しています。支援にあたっては，対象の児童がどこにつまずいているかを把握し，そのつまずきに対応した支援が必要になります。

作文のつまずきをチェックする際には，表4（p.075）の作文の実態把握チェックリストが参考になるでしょう。

表3　発達障害のある児童にみられる作文のつまずき

● 漠然としたタイトルだと書き始められない。
  ➢ 自分でタイトルを決めることができない。
  ➢ どこから取り組んだらよいかわからない。
● 話すことはできるが書けない。
  ➢ 書くことに対して自信がない，抵抗がある。
  ➢ 順を追って書くことができない。
  ➢ 出来事は書けるが心情が伴わない。
● 基本的な書き方がわかっていない。
  ➢ 句読点の位置がわからない。
  ➢ 改行の仕方がわからない。
● 習った漢字やカタカナを使用できない。
  ➢ 全部ひらがな。

2 作文ミッションを用いた事例

❶ 事例の概要

川瀬・干川（2014）は，作文ミッションを用いた作文支援を行いました。その研究の概要を紹介します。L君は，通常の学級に在籍する小学4年生で，ASDの疑いと診断されました。WISCの結果からFSIQは平均であり，L君は豊富な知識を実際的なものとして表現する力をもつ反面，社会的な判断や結果を予測する能力の弱さが推測されました。また，視覚的探索の苦手さがうかがえました。

作文の実態把握の結果，L君は主語の欠落や接続詞の種類の偏りがあり，原稿用紙の使い方などの作文に必要な基礎的なスキルが定着していませんでした。「作文は好きですか？」とL君に尋ねたところ「大きらい。」と答え，作文に対する苦手意識があることは明らかでした。支援にあたっては，主語の欠落がないかを確認し，原稿用紙を正しく使えるといった作文に必要な基礎的なスキルを定着させるために明瞭化した課題を与えることと，L君自身が興味をもって取り組めるような教材の工夫をすることで，より長くてわかりやすい作文が書けるようになることを目的としました。L君への支援は，計27回（セッション）実施されました。

❷ 支援期Ⅰ　基礎的スキルの定着と書くことへの抵抗の減少

　支援期Ⅰでは，会話文の書き方などの原稿用紙の使い方や主語を書くことなどの基礎的作文スキルを定着させるために，ゲーム的な要素を取り入れた作文ミッションカードと，書くことへの抵抗を減らすために短冊作文と２週間で一つの作文を書くこと（１週目下書き，２週目清書）を行いました。

　支援期Ⅰでは，毎回取り組むべき基礎的作文スキルの課題を示した作文ミッションカードとポイント表を用いました。作文ミッションカードは，そのときに達成すべき課題を文字で視覚的に提示したものでした（図32）。支援の結果，L君はセッション7で「作文ミッションを最後まで達成したら，ごほうびのカードが欲しい。」と作文ミッションを楽しむ様子がみられるようになりました。例題を提示したことで，L君は各作文ミッションをスムーズに把握し，作文ミッションで示された作文用紙の使い方などに注意して作文を書くことができました。

図32　作文ミッションカードの例
（川瀬・干川，2014）

❸ 支援期Ⅱ　作文のルールにそった文章量の増加

　支援期Ⅰで，作文ミッションカードだけでは多くの文章を書くという動機づけに欠けていたため，支援期Ⅱではこれに加えてトークンエコノミー法を用い，「作文名人への道・冒険編」と題した指示カードを毎回提示することにしました（図33）。さらに，作文を書いている途中にも支援者が質問することにしました。これはL君が書き進めていくうちに経験したことを徐々に思い出す実態があったため，作文を書いている途中で経験したことをより整理しやすいように質問することにしました。

　その結果，支援期ⅡではL君は平均14文の作文を書くことができました。セッション15でポイント表を見せると，L君は「よし，がんばるぞ。」と意欲がうかがえる発言がありました。また，L君は強化子のカードを選ぶ際に「気になるのがたくさんあるなあ。」と楽しそうにじっくり選んでいました。支援者による質問を支援手続きに加えたところ，その質問に答えるような形でL君は作文を書き進めることができ，書かれた文章は支援期Ⅰよりも１文が簡潔でわかりやすいものになりました。一方で，作文の構成として文と文のつながりが薄く，文章をバラバラに書き，一連の流れをただ並べただけの作文が目立ちました。

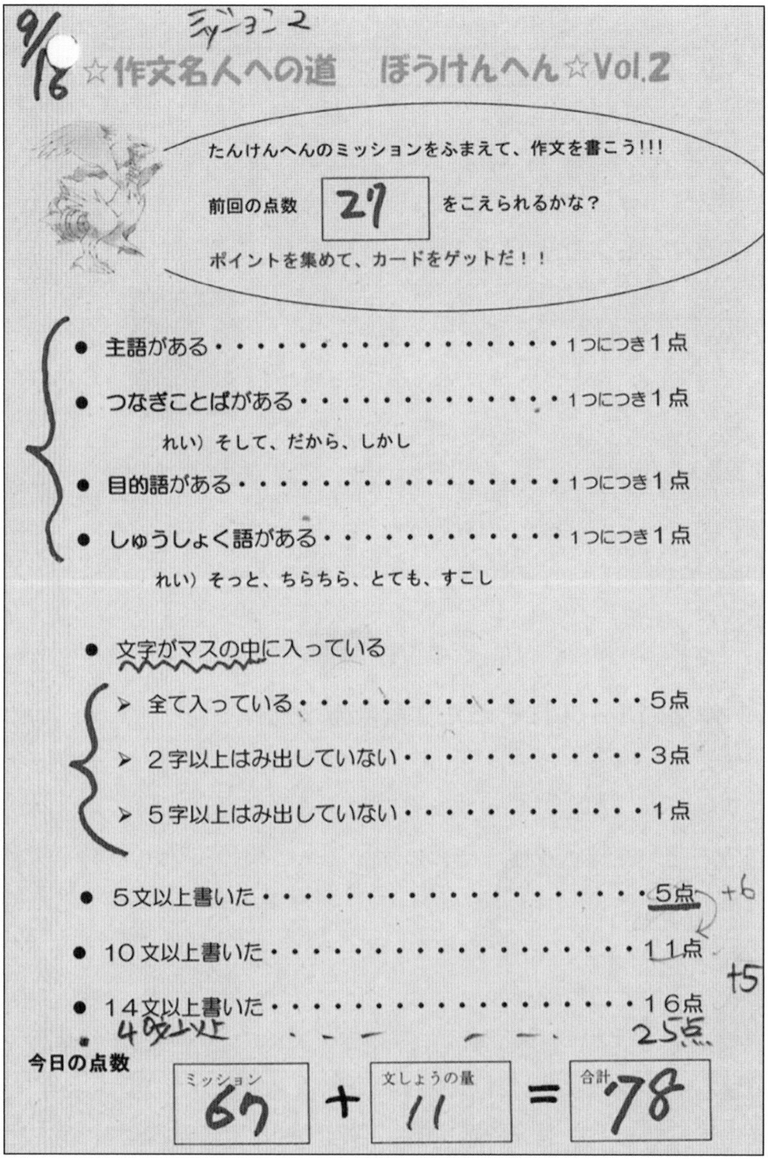

9/6 ミッション2
☆作文名人への道　ぼうけんへん☆Vol.2

たんけんへんのミッションをふまえて、作文を書こう!!!

前回の点数　27　をこえられるかな?

ポイントを集めて、カードをゲットだ!!

- 主語がある・・・・・・・・・・・・・・・1つにつき1点
- つなぎことばがある・・・・・・・・・・・1つにつき1点
  れい) そして、だから、しかし
- 目的語がある・・・・・・・・・・・・・・1つにつき1点
- しゅうしょく語がある・・・・・・・・・・1つにつき1点
  れい) そっと、ちらちら、とても、すこし

- 文字がマスの中に入っている
  - ➤ 全て入っている・・・・・・・・・・・・5点
  - ➤ 2字以上はみ出していない・・・・・・・3点
  - ➤ 5字以上はみ出していない・・・・・・・1点

- 5文以上書いた・・・・・・・・・・・・・・5点 +6
- 10文以上書いた・・・・・・・・・・・・・11点
- 14文以上書いた・・・・・・・・・・・・・16点 +5
- 40文以上・ ‐ ‐ ‐ ‐ ‐ ‐ 25点

今日の点数

ミッション		文しょうの量		合計
67	+	11	=	78

図33　作文名人への道・冒険編指示カードの例（川瀬・干川, 2014）

❹ 支援期Ⅲ　全体の構成を考えた作文の作成

　支援期Ⅱで，L君は文章量の安定や主語・接続詞の使用が図られた一方，文と文のつながりの薄さが目立ちました。短冊作文を用いたことでL君は前後の文章のつながりに対する意識が薄れ，トークンエコノミー法を用いたことで多くの文章を書くことだけが目的となって，作文の構成に意識が向かなくなったことが原因だと推測されました。

　そこで，図34のように新たにＡ４判１枚の用紙に絵と文を用いた作文メモを使用して，原稿用紙に作文を書くことにしました。さらに，支援者は作った作文メモを見ただけでL君が意味を読み取れなかったときには，L君に質問をしてポイントを作文メモの用紙に書き加えたり，作文メモに書かれた事象の順番をわかりやすくなるように入れ替えたりしました。支援期Ⅱのように支援者と話をしたことを話すだけで終わらせてしまうのではなく，絵や文のメモで目に見える形にしておき，L君が作文に取り入れることができるようにしました。

　作文メモを取り入れた結果，セッション27でL君は支援者と話し合いをすることなく自分でテーマを設定し，12文5段落の作文を書くことができました。L君は，メモの絵を描きながら「はじめには題の説明を書いて，……最後はやっぱり感想ですよね。」と発言し，絵を描く段階から文章構成を意識できていました。L君は支援者がわかりやすい作文になるように赤ペンでメモに書き込んだ内容も作文の中に取り入れることができました。また，作文アンケート

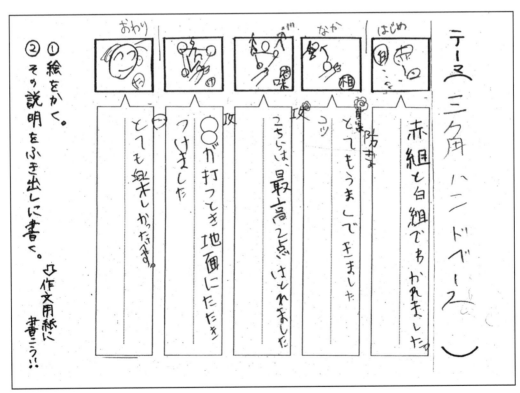

図34　作文メモの例（川瀬・干川，2014）

を行ったところ，「作文は好きですか？」の項目に対して，L君は実態把握期では「大きらい。」と答えていましたが，セッション27では「ふつう。」と答えていました。

❺　全支援期を通しての作文内容の変化

　各セッションの文章に占める主語の割合は，実態把握期で12％だったものが，支援期Ⅰで平均36％，支援期Ⅱで平均30％と若干下がっているものの，支援期Ⅲでは平均70％にまで増えました。このことから支援前よりも主語を意識して書くことが増えたと結論づけられます。

　次に用いる接続詞の種類の変化として，実態把握期では2種類だったものが，支援期Ⅰで平均1.7種類，支援期Ⅱで平均2.0種類，支援期Ⅲでは平均3.2種類へと増えてきました。また，全支援期を通して清書した作文の文章量の変化として，実態把握期で8.0文，支援期Ⅰでは平均8.7文だったものが，支援期Ⅱで平均14.0文，支援期Ⅲで平均14.6文へと増えていました。

　最後に，全支援期を通しての作文内容の変化として，支援期Ⅰでは文章量に対して「状況説明文」の割合が高かったですが，支援期ⅡとⅢでは，支援期Ⅰよりも明らかに「周りの人の様子」が増えました。特に支援期Ⅲに入ってから，L君は積極的に学校の友だちのことを話し，作文の中にも友だちの様子や友だちとの会話などの「周りの人の様子」を書くようになりました。また，保護者からは支援期Ⅲになると「学校の国語の授業のときに，以前に比べよく発表するようになった。」，また，久しぶりに会ったL君のおばあさんから「話が上手になった，話にまとまりが出てきて何を言いたいのかよく伝わる。」との発言があったとの報告がありました。

【文献】

川瀬由希子・干川隆（2014）．広汎性発達障害の疑われる児童に対する明確化された課題と動機づけ手続きを含む作文指導の効果．LD研究．23（3），292-306．

表4　作文の実態把握チェックリスト

項目	内容	1年	2年	3年	4年	5年	6年
漢字	当該学年の漢字を正しく書く。						
	縦書きでは漢数字，横書きでは算用数字を使う。	／	／				
かな	かな遣い（促音・拗音・長音・撥音）を正しく書く。						
	カタカナを正しく使う。						
文法	助詞「は」「を」「へ」を正しく書く。						
	主語と述語を正しく書く。	／					
	修飾語を使って，くわしく書く。	／					
	たとえを表す言葉を使う。	／					
	順序の接続詞を使う。	／					
	こそあど言葉を使う。	／					
	文末表現の統一。	／	／				
記号	文末に，句点をつける。						
	文末の句点を同じマスに書く。						
	句読点をマスの中に正しく書く。						
	会話に「」をつける。						
	「」を正しく使う。	／					
	文の切れ目に点を打つ。	／					
構成	はじめ・なか・終わりのまとまりで組み立てを考えて書く。	／					
	事柄の順序に沿って書く。						
	わかりやすい文章が，段落を使って書ける。	／	／				
	わかりやすい文章が，例を使って書ける。	／	／				
	わかりやすい文章が，理由を用いて書ける。	／	／				
	効果を意識して文の構造を考える。	／	／	／	／	／	／
気持ち・考え	思ったことを書く。						
	自分の考えがはっきり伝わるように書く。	／	／				
	事実・感想・意見の区別ができる。	／	／				
その他	書き間違いがないか確かめる。						
	話の中心をはっきりさせて書く。						
	相手と目的をはっきりさせてから書く。	／	／				
	表現を工夫する。	／	／	／	／	／	／

文章問題（読解）の支援

1 文章問題（読解）の支援

❶ 文章問題（読解）の抵抗感への配慮

　児童の中には，文章問題を見ただけで，抵抗を示して文章を読もうとしなくなる児童がいます。文章問題に対する抵抗感を減らす一番容易な方法は，問題の量を減らすことです。具体的には次のような対応が可能でしょう。

①全体の問題の量を減らさないが，１枚当たりの問題の量を減らす

　例えば，全体で1200字の長文読解の問題であれば，プリントを半分に切って600字のプリントを２枚にするだけでも，児童の受けとめ方は異なります。さらに抵抗が強い場合には，問題を小分けにして300字を４枚として，プリントができたら次のプリントを出すようにして，本人が慣れてきたら徐々に問題の量を増やすようにします。

②同じ問題の提示の仕方を変える

　文章問題の問題は同じですが，問題用紙を半分に折って半分しか見えないようにします。あるいは，問題用紙の半分を下敷きで隠して見えないようにします。それだけでも問題を解くことへの抵抗感を減らすことができます。

③解答の様式を変える

　文章問題の解答の様式による難易度をまとめると，表5のようになります。同じ問題でも，解答の仕方によって難易度が異なります。そこで文章問題に抵抗のある児童の場合には，なるべく解答しやすい仕方で問うことも必要でしょう。

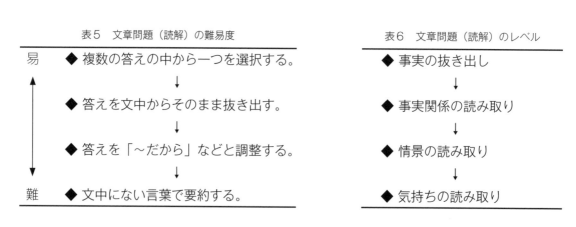

表5　文章問題（読解）の難易度

易
◆ 複数の答えの中から一つを選択する。
↓
◆ 答えを文中からそのまま抜き出す。
↓
◆ 答えを「～だから」などと調整する。
↓
難　◆ 文中にない言葉で要約する。

表6　文章問題（読解）のレベル

◆ 事実の抜き出し
↓
◆ 事実関係の読み取り
↓
◆ 情景の読み取り
↓
◆ 気持ちの読み取り

❷ 文章問題（読解）のレベルの把握

　文章問題の支援をする場合には，対象となる児童がどのレベルでの解答につまずいているのかを正確に把握し，それに基づいて支援することが必要です。文章問題では，表6に示すよう

にレベルによって読み取るべき内容が異なります。したがって，対象の児童の当該学年で要求される内容について精通しなければなりません。以下に物語文読解を例に評価とそれに基づく支援を紹介します。

2 支援の実際

❶ 文章問題（読解）の評価に基づく支援の事例

　M君はASDの診断を受けた小学5年生で，国語に学習のつまずきがみられました。3年生の物語文の正答率は，「直接抜き出し」が71%，「事実関係の読み取り」が38%，「様子，情景，気持ちの読み取り」が33%でした。M君は物語を読んで問題を解いておらず，問題に出てくる単語と同じ単語を文章中から探して問題を解いていました。M君は単語を見つけるのは速く比較的正確であるため，抜き出しの問題は解くことができます。しかし，M君は2分程度で急いで問題を解くために，簡単な事実関係を問う問題でも読み誤ることがありました。WISCの結果から，図や絵を用いて物語の流れや関係を視覚的・同時的に提示する支援がM君には有効であると考えました。

　実態把握の結果からM君は，①事実関係や事柄の順序が整理できれば場面の様子や人物の気持ちを推測できる，②文章問題において「どんな〜ですか」「どのように〜ですか」の問題で，問われているものが正しく理解できれば情景・気持ちの読み取りの正答率が上がる，③状況と感情の描写の矛盾する短文（二文）を両方認知してつじつまが合うよう事態を文脈に即して解釈することができれば，文章問題における状況や感情の矛盾した場面での読解ができ，いくつかの場面の描写の中でどの文章が優先されるかその重みづけが可能になり，情景や気持ちの読み取りのしやすさにつながる，と考えました。

　そこで，文章の事実・事柄を問う問題を多く用意し，問題を通して物語の流れを確実にとらえるようにしました。次に絵カードを見ながら「どんな〜ですか。」，「どのように〜ですか。」の会話でのやり取りを行い，会話でできたら文章で問題を解き，それができるようになったら文章問題の問題に移行しました。また，場面の様子や人物の気持ちについて，関係図や絵本を用いてM君がイメージできるように支援しました。さらに，2文から想起される感情をそれぞれ感情シールから選択し，2文が矛盾していることに気づくようにしました。例えば，「今日は，あゆみさんの誕生日で，お父さんがケーキを買ってきました。でもあゆみさんはいやそうな顔をしています。」の文章を読み，その理由を答えるなどの問題です。この問題では，「ケーキだ，嬉しい」VS「いやそうな顔」の二つの気持ちに気づかせ，あゆみさんはどちらの気持ちなのかを考えさせました。さらに文中の人物を自分に置き換えて考えるように促しました。それでもわからないときには，矛盾する二つの場面の絵を示して理解を促し，「誕生日でケーキがあるのはうれしいけど，好きなケーキじゃなかったから。」との気持ちが読み取れるよう

にしました。

　支援の結果，M君の3年生の文章問題の正答率は，抜き出し89％，事実関係の読み取り80％，情景の読み取り70％（明示的67％，非明示的75％），気持ちの読み取り38％（明示的80％，非明示的13％）へと変化しました。

❷　キーワードの定義を用いた事例

　N君は，文章問題に強い苦手意識があり，見ただけで「やりたくない。」と言っていました。解答をする際に長く抜き出して答えてしまい，部分的に絞り込んで解答することができませんでした。例えば，「昨日，神社のお祭りでカメを買ってきました。」という文を読んで，「いつカメを買ってきましたか？」の質問に，「昨日，神社のお祭りでカメを買ってきました。」と全文を答えていました。意外なことに，N君は「いつ」などと聞かれたときにどのように答えたら良いかがわかっていませんでした。そこでキーワードの定義が書かれたカードを用いることによって，長い抜き出しでなくて，絞り込んで解答できるようになると考えました。

　支援ではカードで「いつ」の問題に対しては，時や時間を表す言葉で答えるなど確認をし（図35，図36），実際に問題を解いて練習をしました。N君は，たくさん書く必要のないことがわかり書く負担も減り，答えるべき部分もわかって文章問題に対する苦手意識も減りました。

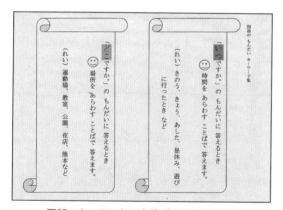

図35　キーワードの定義（いつ，どこで）

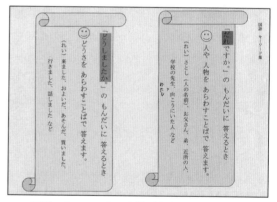

図36　キーワードの定義（だれが，どうした）

文章問題（読解）の方略支援

 ## 読解方略の分析と学習障害の児童への適用

❶ 大学生の用いた読解方略

　松下（2010）は，文章問題（読解）に有効に働く読解方略を検討し，さらに得られた方略を学習障害の児童に教示した効果を明らかにしています。読解では，処理と保持の同時遂行といった二重課題が求められることが多く，処理負荷や保持負荷によって個人のもつ資源の容量，すなわちワーキングメモリ容量が消費されます。学習障害の児童が文章読解に困難を及ぼす背景には，このような二重課題場面における問題解決の困難さがあり，処理や保持によって資源が消費され，結果として効率よく読解を行うことができないと考えられます。

　松下は，LD疑似体験プログラムに基づき大学生に資源を消費させる負荷を与え，その条件で大学生が効率よく読解を遂行するための方略，すなわち読解に有効な方略を明らかにしました。負荷あり条件の読解では，大学生の成績に低下がみられ，資源の低減が文章読解に影響を与えることが示唆されました。しかし，負荷あり条件でも読解の成績を維持できた大学生がおり，読解成績で大学生を群分けし，使用した方略と使用頻度について分析すると高得点群が低得点群に比べて頻繁に使用した方略が8項目ありました（表7）。これまでの文章問題（読解）の場合に，まずよく読んで内容を十分に理解させるような方略が多かったのですが，ここでの方略は，問題文を先に読み，何を問われているかを理解してから本文を読むなどの方略やワーキングメモリの観点から見ると資源を低下させない工夫として考えられます。

表7　負荷あり条件で高得点群の大学生が用いた方略

① 問題文を先に読み，何を問われているかを理解してから本文を読む。
② 選択肢のキーワードを本文中から探して線を引く。
③ 問題を読んでキーワードとなる文を探して線を引く。
④ キーとなることばや文に注目しながら読む。
⑤ 接続詞に注意しながら読む。
⑥ 指示語が何を指すかを注意しながら読む。
⑦ わからないことばが出てきたときには，何度か読んで先を読み進める。
⑧ 大体の内容をつかむようにし，しっかり読み込まないようにする。

❷ 学習障害の児童への読解方略の適用

　松下は，大学生が用いたこの方略を小学生がわかるような7つの方略（表8）に設定して，文章読解に困難を示すLD児3人（O君：小学4年生の男児でLDとASDの診断，P君：小

学３年生の男児でLDとASDの診断，Qさん：小学４年生の女児でLDの診断）に教示しました。その結果，方略教示前に比べて方略教示後の（方略教示がなくても）成績が３人の被験者すべてで向上しました（図37にO君の変化を示します）。

　これらの結果から，学習障害の児童の文章問題に及ぼす方略支援の有効性が示唆されています。方略を教示することで得られた効果は，文章問題で処理負荷や記憶負荷を低減すること，また処理と保持の効率性が高まったことで効率のよい読解を可能にすることです。松下は，このような方略を教示したことで，学習障害の児童の読解場面における二重課題の負荷を減らし，結果として読解成績の向上を生じたと考察しています。

表8　学習障害のある児童に教示した方略

① 問題を読んで，何が書かれているかわかったら，本文を読み始める。
② 問題と解答欄からキーワードを見つける。
③ 本文中にキーワードを見つけたら線を引く。
④ 接続詞は大事なことばであるため，あったときには注意して読む。
⑤ 指示語があれば，前後の文を読み，指示語より前の文から何を指すか探す。
⑥ わからない問題があれば先に進む。
⑦ わからない問題に戻ったときは，キーワードを再確認し，全体を見渡すようにしてキーワードを探す。

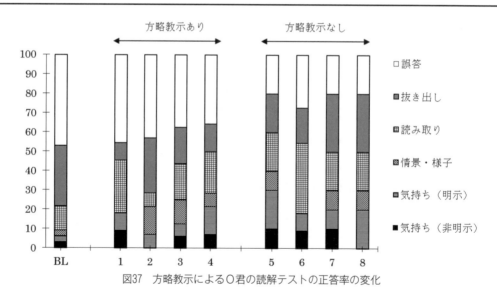

図37　方略教示によるO君の読解テストの正答率の変化

【文献】

松下史穂（2010）学習障害児の文章読解に及ぼす方略の効果. 熊本大学大学院教育学研究科平成21年度修士論文（未公刊）.

取り組み 10　書くことへの支援

1　書くことの支援として用いた教材

❶　色分けマス

　書を字くときにマスの中にきれいに収まらず，はみ出してしまう児童がいます。あるいは全体のバランスがとれない子どもたちがいます。そのような場合には色分けマス（図38）を用います。色分けマスを用いた支援では，図38のように最初は四分割したマスの色に着目し，どの色から出発してどの色で終わるのか，点はどの色のマスに打ったら良いかを意識させます。しだいに形がとれるようになってきたら，まず，色の属性をはずして補助線によって四分割された状態にし，さらにマスの中の補助線を外していき，最終的には手がかりがなくてもきれいにマスの中に書けるようにします。

　対象児の中には，色がついている方が見えにくいと感想を述べた児童もいました。したがって，色分けマスが必ずしもその子に合っているかどうかはわかりませんので，実際に使用してみて本人にとって書きやすい方法かどうかを確認する必要があります。

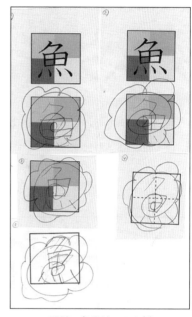

図38　色分けマスの例

❷　色分けして文節を強調した視写

　書き写すのに時間がかかる児童の場合，多くは文章を文節のまとまりとして記憶し保持し写すことができません。そこで文節のまとまりを意識させるために，図39のような文節ごとに色分けした教材を用います。色分けマスと同じで，速く書き写すことができるようになってきたら，なるべく色による手がかりを外して文節の区切り線等に変えて，まとまりを意識させましょう。最終的には，手がかりがなくても写せるようにします。

❸　漢字ビンゴ

　漢字を書くことに対して抵抗のある児童の場合に，通常のプリントではなくゲーム的な要素を取り入れた漢字ビンゴはいかがでしょうか（図40）。くじを引いて出てきた数字のところに指定された漢字を書くようにします。書字に抵抗のある児童も楽しみながら漢字を書くことができます。

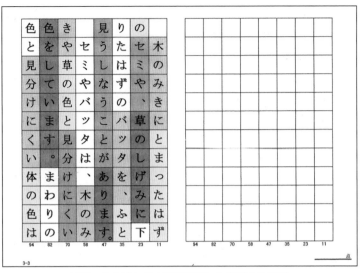

図39　色分けして文節を強調した視写の教材例

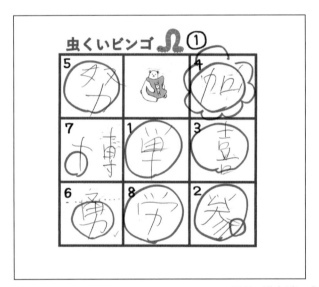

図40　漢字ビンゴの例

❹　漢字を覚えるための動機づけを高める工夫

　漢字の動機づけを高める工夫として，覚えた漢字をシールにして振り返りシートに貼る方法があります（図41）。これは，対象児にとって一目でこれまで習得した漢字がわかることと，あと何字習得しないといけないのかかがわかるところに特徴があります。漢字を書くことを苦手としていた対象の児童は，この振り返りシートを見ながら「おれって，もうこんなに漢字をおぼえられたんだね。」と感慨深く語っていました。

082

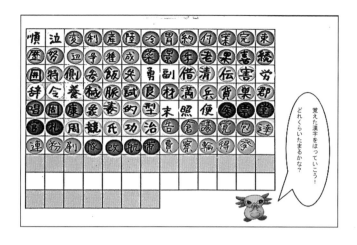
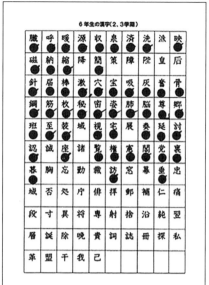

図41　漢字振り返りシート

2　色分けした文節を用いた視写の事例への適用

● 支援の経緯

　小学6年生のR君は，LDとASDの診断を受けており，WISCのFSIQの分類は平均でした。R君は黒板の文字もきちんと書き写そうとして時間がかかり，毎回，授業の板書を時間内に最後までノートに書き写すことができず困っていました。そこでR君に対して，視写の練習をすることにしました。R君の視写の実態として，ひらがなを一文字一文字，あるいは漢字によっては一画ずつ左から右に書き写すため，ものすごく時間がかかっていました。そこで，文節を意識させるように色分けを用いました。そして書き写す際には，文節を口で唱えながら写す練習をしました（図39の例だと，「木のみきに」と唱えながら右側のマスに書き写す）。時間を3分間と決めて，前回の正しく書き写せた文字数よりも多く写せて新記録が出たときには，ご褒美としてR君の好きな地下鉄の駅のマークをシールにしたものをあげるようにしました。するとR君は，毎回新記録を出すことができ，書き写す時間を短縮することができました。その結果，R君は学校の授業でも時間内に板書を最後までノートに書き写せるようになりました。

動機づけに配慮した学習支援

 ゲーム的要素を取り入れた漢字支援

❶ 対象児の概要

　対象児は，通常の学級に在籍している小学5年生のS君で，医療機関でASDとADHDの診断を受けていました。S君は2年生の2学期から3年生の3学期にかけて，ほとんど学校に行かず不登校の状態でした。そのためS君には，複数の教科の領域に学習空白がありました。支援開始時にも朝から学校に行けず，遅れて登校するなどの登校しぶりがありました。なお，S君は通級指導教室（自校通級）で国語と算数の指導を受けており，通級指導教室の国語の指導では2年生の漢字の復習が行われていました。WISCの結果では，FSIQは平均にあり指標得点間に有意な差はみられませんでした。漢字の実態把握では，4年生の漢字の読みの正答は240字中106字（44％）であり，5年生の書きは18字中0字でした。テストは空欄が多く（読みでは誤答のうちの67％，書きでは誤答のうちの89％），またテスト中も，21回中20回は「面倒くさい。」などのネガティブな発言がありました。その背景として，知識や語彙の少なさ，苦手意識と意欲の低下，集中力の持続の困難さがあることが推測されました。支援では，①学習への苦手意識，②注意集中の途切れ，③学習の負担感，④知識・語彙の少なさ，への対応が必要であると推定されました。このため，具体的な手立てとして，①達成感・成功体験を得られるようにする，②ゲーム性のある課題を取り入れる，③課題量と作業量を調節する，④熟語や言葉の使用場面を例示する，ことにしました。

❷ 支援の経過と結果

　達成感や成功体験を生み出すために，「シール写し課題」として漢字シール表（図42）を用いて，習得した漢字を写していく中で学習の成果が積み重なるようにしました。また，ゲーム的要素として，漢字の読みの練習問題のスクラッチゲームテストを取り入れました（図43）。スクラッチゲームテストは，○と×を記した用紙をラミネート加工し，その上に三つの回答を白い修正液で塗りつぶします。その修正液の上に，正しい読みがなを一つと実態把握時に間違った読みを含む間違った読みがなを二つ書きます。そしてスクラッチゲームと同様に，正しいと思った答えの修正液をコイン等ではがすと，○か×かの答えが出てきます。選択するとすぐに○か×がわかるので，S君にとっては即時強化としての機能を果たしました。

　支援の結果では，まず4年生の漢字の読みの1学期と2学期の学期末の正答率は，89％と96％でした。読みが定着したので2学期から5年生の書きの支援も加えました。S君は書くことに対して抵抗があったので，ここでも正しい読みと線でつなぐ線結び課題や，漢字カルタなどのゲーム的な要素を取り入れることで，抵抗なく学習することができるようになりました。

その結果，2学期末の評価テストでは，漢字の書きについても正答率は86％でした。

　実態把握時にS君は，「めんどい。」「死ね。」「うざい。」など担当の学生に対して21回の発言中20回がネガティブでした。特に，課題を提示したときや学習するように促したときに，ネガティブな発言が多かったです。しかし，後期になってくるとS君はネガティブな発言が減り「もうちょっと考える。」「ヒント出さんで。」などのポジティブな発言の割合が増加しました。セッション28では7回の発言中7回がポジティブな発言であり，セッション26では6回の発言中1回，セッション27では4回の発言中に1回のネガティブな発言もありましたが，それは誤答して悔しかったときに発言が見られる程度でした。したがって，学習につまずいている児童生徒を支援する場合に，支援方法を工夫することができれば準備期間を設けずに当該の学習内容から支援を開始することができます。

　S君は本教室を卒業するときに，将来学校の先生になりたいとの抱負を語っていました。

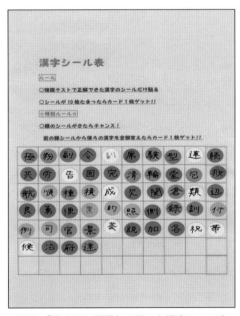

図42　「漢字写し課題」で用いた漢字シール表

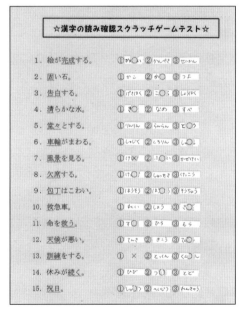

図43　スクラッチゲームテスト

【文献】

橋本裕実・干川隆（2014）．発達障害のある児童の動機づけを高めるためのゲーム的要素を取り入れた漢字指導の効果．LD研究．23（3），307-319.

3　算数のつまずきへの対応

1　数と計算

❶　カウンティングの原理

　Geary（2004）は，算数と学習障害との関連について展望しています。数概念を理解することは，同じ数であるにもかかわらず状況によってその意味が異なることを理解していなければなりません。固有の制約として，Gearyはゲルマンらのカウンティングの原理を紹介しています（熊谷（2000）の訳によるものを表9に示します）。

　またGearyは，学習障害（特に算数障害）の子どもの算数のつまずきについて，いくつか紹介しています。ここではその中から，（1）計算（arithmetic），（2）手続き的知識の未習得，（3）意味論的な記憶の障害，（4）視空間的障害，について述べます。

（1）計算

　定型発達の子どものカウンティングの発達では，①指を用いることで実行される指カウンティング方略と，②指によらない言語カウンティング方略があり，発達するにつれ①から②に移行していきます。また，もう一つのカウンティング手続きとして，数え足し（counting on）と全数え（counting all）があります。全数えは，3＋5の問題があったときに，指を3と5と立てて，そのすべてを1から順に数えていきます。一方，数え足しは，5を頭の中に入れておいて，残りの3を数えるときに6，7，8と数えることで8と答えることです。Gearyによれば，小学1・2年の学習障害の子どもの多くが，指でのカウンティングを用い，しかも全数えを用いていました。なお指で数えることは，その子なりの適応方略ですので，禁止するのではなく，他の方略が効率的であることがわかれば自然になくなります。

（2）手続き的な知識の未習得

　Gearyは，学習障害の子どもは簡単な計算問題を解くときに，多くのカウンティングで間違え，発達的に未熟な方略（例えば，指で数える）や未熟な問題解決手続き（Counting All）を用いる傾向にあると述べています。

（3）意味記憶の障害

　Gearyは，学習障害の子どもたちの算数の発達は，必ずしも手続きに基づく問題解決から記憶に基づく問題解決に移行するとは限らないと述べ，学習障害の子どもたちが数的事実（arithmetic fact）を長期記憶に保持したり，長期記憶から取り出したりすることが難しいと述べています。つまり学習障害の子どもたちは，長期記憶から数的事実を取り出す際に，多

くの誤りを犯したり，定型発達児にみられるパターンとは異なった誤りや反応時間のパターンを示します。

(4) 視空間障害

視空間システムは幾何学や複雑な言葉の問題解決など多くの数学的能力を支え，学習障害の子どもたちのうち視空間システムに問題のある子どもたちは，そのために算数障害を生じていと考えられます。

表9　ゲルマンらのカウンティングの原理

原理	内容
1対1対応	この原理に従える子どもは，区別することと標識をつけることの両者を協応させることができる。まず，項目は，数えられる集合とすでに数えた集合とに分けられ，一つの集合からもう一つの集合へ一つずつ，標識化した上で移されなければならない。
安定順序の原理	並んでいる項目の数から必要とされる長さの順序の安定した標識のリストを使用する必要性を意味している。すなわち「いち，さん，し，ろく」などのように誤った配列の数詞を使わず，順序を変えることのないきちんとした数詞の系列の規則を学習できているということである。
基数の原理	系列をなす最後のものに特定の意味がある，すなわち，最後に与えられた標識は，その項目の集合をあらわす数であることを知っていることである。
抽象の原理	ものが大きかろうと小さかろうと一つは一つということが理解できることである。計数に含まれているものの許容範囲がどれくらいかというのは，年齢水準によって異なる。
順序無関係の原理	計数の順序は数を特定するのに無関係である，つまり「どのように数えるかは問題ではない」ということである。

❷　算数のつまずきの早期発見

干川（2018）は，米国の算数のCBMに関する研究動向を展望する中で，小学校に入学してから算数障害として診断されている児童を予測するために幼稚園児を対象にアセスメントを実施した研究知見を紹介しています。それによると，小学校に入って算数障害の児童を予測する尺度は，失われた数（穴埋め）と量の識別（どっちが多い）の二つで，1分間に正答した数を数えます（図44）。特に小学1年生では，上記の失われた数と量の識別が1分間にどの程度できているかどうかを把握する必要があります。

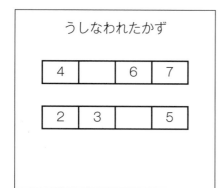
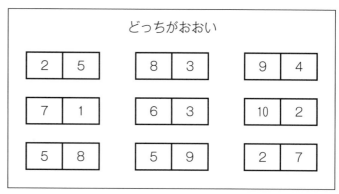

図44　失われた数と量の識別（どっちが多い）の問題の例

2 算数文章題のアセスメントと支援方法

❶ 算数文章題の解決過程からみたアセスメント

　私たちが算数文章題を解くときには，問題文を読み，内容を理解し，理解した内容に即した計算式を立て，その計算式を解くといったいくつもの過程を経ることになります（この過程のことを解決過程という）。これらの過程のどれか一つにつまずいた場合，算数文章題を解くことが難しくなります。そのため，算数文章題につまずいている児童がいた場合，児童がどの過程につまずいているのかを把握することが必要です。

（1）算数文章題の問題解決過程におけるつまずきの把握

　算数文章題の問題解決過程は，理解過程として変換過程と統合過程，解決過程としてプラン化過程と実行過程に区分されます（石田・多鹿，1993）。ここでは，石田・多鹿（1993）の各過程の説明を引用します。図45（p.091）は，石田・多鹿に基づいて小畑（2014）が作成しました。

●変換過程とは，与えられた問題文から文単位に個々の心的表象を構成する過程です。ここでは，一文ごとに表現されている内容を理解するために言語的知識や事実的知識が使われます。文章の構文規則に関する言語的知識や現実的世界の基本的事実に関する事実的知識は，記述されている文章の読みに直接関係します。これらの知識は，与えられた問題文を一文ごとに，文の内容を変えずに他の文や数式に表現を変えたり，問題文が表現している求答事項を理解するために必要です。

●統合過程とは，変換過程において構成された文単位の個々の心的表象を統合して，問題状況について意味のある内的表象を作り出す過程です。ここでは内的表象を作り出すための知識である問題スキーマが重要な役割を果たします。個々の情報を統合する場合，問題スキーマによってどの情報を選択し，どの情報を捨象するかが決定されます。

●プラン化過程とは，答えを得るための数式を作る過程です。算数文章題の理解過程を通して構成された内的表象に基づいて，適切な方略を選択して数式を作ります。ここでは演算決定のための方略的知識が使用されます。その結果，構成した内的表象に対応した数式が表現されます。

●実行過程とは，プラン化過程で作られた数式を計算する過程です。ここでは，四則計算の実行に直接関わる計算の手続き的知識が使用されます。

　解決過程におけるつまずきを把握するためには，石田・多鹿（1993）が作成した解決過程把握問題を用います。石田・多鹿（1993）の各過程における問題は以下のように構成されています。まず変換過程の問題は，問題文の文単位での内容を反映した数式表現を選択させる課題として構成されています。次に統合過程の問題は，与えられた問題文の中から解決に必要な情報と不必要な情報を取捨選択する課題として構成されています。情報の取捨選択が行えるということは，問題文全体の理解ができていることとみなせます。最後にプラン化過程の問題は，問題の解決に必要な四則演算を決定する課題として構成されています。必要な演算を決定できるということは，問題状況全体の数量関係把握に基づいた数式を作ることができているとみなせます。石田・多鹿（1993）の研究では，実行過程の把握を当該学年の計算問題の実施としていたことから，必要な各学年の計算問題を実施する必要があるでしょう。解答は全て4肢選択であり，変換過程，統合過程，プラン化過程のそれぞれにつき6問ずつ，計18問実施します。

❷　算数文章題の支援方法

　私たちは例えば，問題内容の理解が難しい場合，問題内容を絵に描き表したり問題内容の具体的な場面を思い浮かべたりして，理解しようとします。このように，算数文章題でつまずいている過程があった場合には，その過程に合った支援方法を行う必要があります。過程ごとの支援方法を考える際には，児童の得意な認知特性に合った支援が有効です。

(1)　変換過程に対するつまずきと支援方法

　石田・多鹿（1993）に基づくと，変換過程で予想される児童のつまずきとして，正確に文意を読み取れないことや，言語知識や現実知識の不足から意味を読み取ることに困難を示すことが考えられます。このようなつまずきを示す児童の支援方法として，飯塚（2016）は，①聞かれていることや指示されていることを確認する，②大事な数字やキーワードに印をつける，③難しい言葉や表現を言い換える，をあげています。

(2)　統合過程に対するつまずきと支援方法

　石田・多鹿（1993）は，児童が算数文章題で統合過程の問題を解くことが最も困難であるこ

とを指摘しています。学習障害の児童も，統合過程でのつまずきが考えられます。統合過程での予想されるつまずきとして，問題を解くために問題スキーマ（似た問題を認識する一般的・抽象的知識）がなかったり適切に使えなかったり，情報の取捨選択ができないことが考えられます。統合過程の対応として飯塚（2016）は，①以前に解いた問題と結びつける，②使える方法を考える，③図表を書く，④操作活動をする，をあげています。

（3）プラン化過程に対するつまずきと支援方法

　プラン化過程で予想される児童のつまずきとして，誤った演算記号による立式のつまずきがあります（例えば，「合わせていくつ」とあったのでかけ算を足し算として立式するなど）。プラン化過程のつまずきとして，問題の難易度や自身の理解力等に関する認知としてのメタ認知が弱いために，二段階の計算が必要なのに第一段階で立式を終わりにしてしまうことなどが考えられます。飯塚（2016）は，①図表を読む，②以前に解いた問題と結びつける，③使える方法を考える，をあげています。さらに支援方法として，公式や解法をカードにまとめて配布する方法や演算記号の理解を促すことなどが考えられます。

（4）実行過程に対する支援方法

　実行過程で予想される児童のつまずきとして，計算の困難があります。児童の計算力の違いが一番表れるのは実行過程であると言われています（佐藤・阿久津・菅原，2005）。実行過程のつまずきを示す児童の支援方法として，飯塚（2016）は，①演算の確認と②解の吟味，をあげています。解の吟味として飯塚（2016）は，「何が惜しいかわかりますか？」などと教師が発問することによって，児童のメタ認知を活性化し，問題解決を促すための問いかけを繰り返した実践を報告しています。

【文献】

Geary D.C.（2004）Mathematics and learning disabilities. Journal of Learning Disabilities, 37, 4-15.

石田淳一・多鹿秀継（1993）算数文章題解決における下位過程の分析. 科学教育研究, 17, 18-25.

飯塚佳乃（2016）算数科における問題解決促進のための学習支援の工夫—文章題解決の4つの下位過程に着目して—. 群馬大学教育実践研究, 33, 167-177.

干川隆（2018）米国における算数のカリキュラムに基づく尺度（CBM）の研究動向. LD研究, 27（1），67-79.

熊谷恵子（2000）学習障害児の算数困難. 多賀出版.

小畑雅子（2014）発達障害のある児童の算数文章題の解決過程におけるつまずきとそれに応じた指導の効果. 熊本大学大学院教育学研究科平成25年度修士論文（未公刊）.

佐藤伸之・阿久津洋巳・菅原正和（2005）小学校における計算能力と文章題解決能力の関係. 岩手大学教育学部附属教育実践総合センター研究紀要, 4，85-89.

（問題例）「①あいこさんはあめを8つ持っています。②あいこさんはひろしさんよりあめを5つ多く持っています。③ひろしさんはあめをいくつ持っているでしょう。」

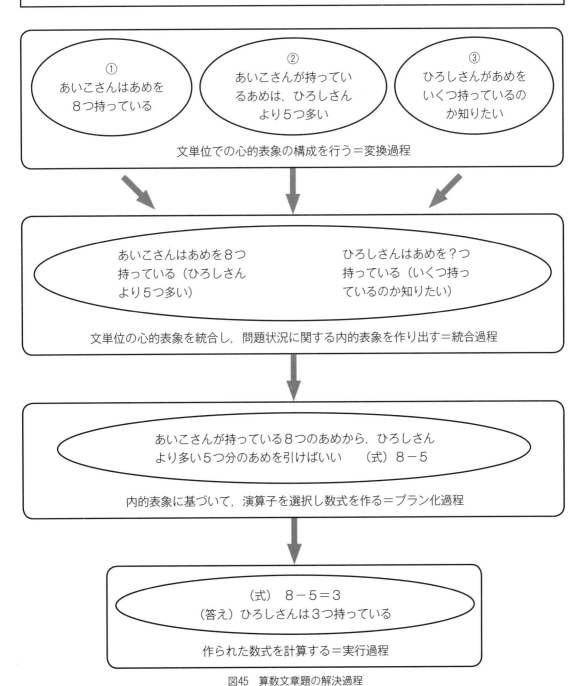

①
あいこさんはあめを
8つ持っている

②
あいこさんが持っているあめは，ひろしさんより5つ多い

③
ひろしさんがあめをいくつ持っているのか知りたい

文単位での心的表象の構成を行う＝変換過程

あいこさんはあめを8つ持っている（ひろしさんより5つ多い）

ひろしさんはあめを？つ持っている（いくつ持っているのか知りたい）

文単位の心的表象を統合し，問題状況に関する内的表象を作り出す＝統合過程

あいこさんが持っている8つのあめから，ひろしさんより多い5つ分のあめを引けばいい　（式）8－5

内的表象に基づいて，演算子を選択し数式を作る＝プラン化過程

（式）　8－5＝3
（答え）ひろしさんは3つ持っている

作られた数式を計算する＝実行過程

図45　算数文章題の解決過程

数と計算への支援（計算の流暢性を高める）

 合成フラッシュカードとさくらんぼのヒント

❶ 対象児の概要

　T君は，ADHDの診断のある小学2年生で，WISCのFSIQの分類は平均にありました。T君は，数や目盛りを数えることは得意であり，百までの大きさを理解していました。計算ではよく指を使い，一つの数字にもう片方の数字を数えながら足していました。T君は，繰り上がりのある計算では指をうまく使えず正答できなかったり，頭で計算しようとして時間がかかったりしていました。おはじきなどの具体物を使うと間違いは減りますが，小さな数に大きな数を足すためT君は作業に時間がかかり，おはじきなどを使うことを嫌がりました。また，その日のT君の状態によって正答率は不安定で，前回できなかった問題が今回はすんなり解けたり，前回解けた問題に今回つまずいたりすることもありました。このようなつまずきをT君自身が感じており，計算問題に対するT君の苦手意識は大変強いものでした。

❷ 見立てと支援の結果

　T君が繰り上がりの計算でつまずいてしまう背景には，①10のまとまりのように数の大きさをまとまりとしてとらえることができないことと，②繰り上がりの計算の手順がはっきりしていないこと，が考えられました。①について，T君は具体物を用いた視覚的な情報よりも，言葉を用いた聴覚的な情報の方が入りやすいことがわかりました。そのため，おはじきなどを使っても数のまとまりを理解しにくかったと思われます。②について，T君は繰り上がりの計算をする際に指を使ったり暗算したり，その方法は様々でした。また，担任教師によるチェックリストでは，T君は「学校の勉強で，細かいところまで注意を払わなかったり，不注意な間違いをしたりする」という項目が該当しました。一方，T君は筆算のように手順が明確に決まっているものであれば，正確にその手順にそって計算することができました。そこで，T君の特性を生かしながら，スモールステップで取り組むことにしました。

　T君は計算問題に対する苦手意識が強かったので，算数を構えずに取り組めるように，まずは10からサイコロの出た目を引いた数だけ進むというすごろくゲームを取り入れ，T君が算数を楽しむことができるようにしました。ゲームの中でT君が解いた問題をプリントを用いて復習すると，抵抗なく取り組むことができました。①の数の大きさをまとまりとして考えることができるためには，合成フラッシュカード（図46）を用いて繰り返し唱え，10のまとまりを意識するための活動を取り入れました。T君にとっては視覚的な具体物よりも聴覚的な情報の方が入りやすかったです。そのため，おはじきの操作よりもフラッシュカードを用いることで，T君は10の合成を理解し「○と○で10」と暗唱できるようになりました。②の問題に対しては，

T君の継次処理の得意さを生かした支援を行いました。10の合成からすぐに繰り上がりの計算ではなく，T君に合わせたスモールステップを踏み，教科書に紹介されている「さくらんぼ」のヒントを用いることにしました。さくらんぼのヒント（図47）は，繰り上がりの足し算で足す数字を分け，足される数字と10のまとまりをわかりやすく示したものです。このヒントを用いることで，T君は指を使わず確実に問題を解くことができるようになりました。また，「さくらんぼ」のヒントによる計算を繰り返すことにより，T君は10のまとまりを意識した計算の手続き的知識を習得できました。

　数量関係（10のまとまり）と計算手順を理解した後は，ある程度繰り返し問題を解くことが必要です。T君も口に出して手順を確認しながら繰り返すことで，問題を解くスピードが速くなりました。その結果，「このヒントがあれば解ける。」という発言から，T君の計算問題に対する苦手意識はなくなりました。

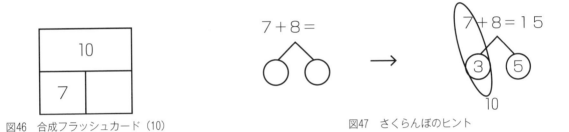

図46　合成フラッシュカード（10）　　　　　　図47　さくらんぼのヒント

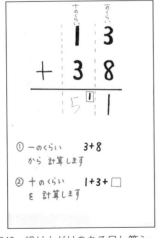

図48　繰り上がりのある足し算シート

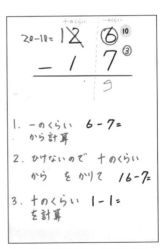

図49　繰り下がりのある引き算シート

数と計算への支援（手順書の活用）

手続き的知識の習得

❶ 手続き的知識の学び直しの必要性

　算数につまずいている児童の中には，小学1年生での繰り上がりや繰り下がりなどの初歩的な手続きが入らないことがあります。そのため学年が上がってもリセットする機会がなく，手続きがずっとあいまいなまま何も対応されなかったために，つまずきが改善されないことがあります。中には不登校や登校しぶりのため，手続き的知識を習得しないまま過ごしてきた児童がいます。あるいは，認知的なアンバランスさがあるために，定型発達の児童では普通に理解し習得できるものが，習得できないまま学年が進行してきた児童がいます。

　未学習の児童に対しては，学び直しをすることで追いつくことがあります。その際に，手続き的知識を定着させるための工夫が必要になります。具体的には，手続きがすべて見えるようなカードを作成したり，手順書やヒントカードなどを工夫することです。手順書やカードを作成することによって，聴覚的なものよりも視覚的なものが入りやすい児童にとっては，情報を処理しやすくなります。また継次処理が得意な子は，手順に沿った段階的な支援が示されることで，同時処理が得意な児童は全体的な流れが図示されることで，情報が処理しやすくなります。

　私の印象として，学習支援教室での個別の対応によって顕著な変化が見られた児童の多くは，手続き的な知識を含めて手続きや方略に課題がある児童でした。以下に，手続き的知識や方略を支援するためのカードについて述べます。

❷ 繰り下がり・繰り上がりシートを用いた事例

　2位数の繰り上がりのある足し算が未習得な児童には，2位数の繰り上がりのある足し算計算シート（前頁図48）を用いました。これは，2位数の繰り上がりのある足し算の計算手順を覚えて，正しく計算できることをねらいとします。支援では，問題に計算手順・補助線を書き示し，言葉での教示を行いました。

　次に2位数の繰り下がりのある計算が未習得な児童には，2位数の繰り下がりのある計算シート（前頁図49）を用いました。これは，2位数の繰り下がりのある計算手順を覚えて，正しく計算できることをねらいとします。支援では，問題に計算手順・補助線を書き示し，言葉での教示を行いました。

❸ 手順書を用いた事例

　Uさんは，LDの診断のある小学5年生で，4年生で学習するわり算の筆算のうち，2位数

÷１位数の問題では，解答用紙にマスがあれば解くことができました。しかし，３位数÷１位数，２位数÷２位数，３位数÷２位数の問題では，マスがあっても解くことができませんでした。Uさんは，最初に商を立てる位を間違えたり，割られる数や商に空位があると筆算のしかたがわからなくなっていました。その他，Uさんは，採点時に正答のものであっても「間違いだ。」などと述べ，計算に対してあまり自信がありませんでした。

　WISC-Ⅳでは，FSIQの分類は平均の下であり，言語理解指標（VCI）と知覚推理指標（PRI）との間に有意な差はなく，ワーキングメモリー指標（WMI）と処理速度指標（PSI）が言語理解指標（VCI）に比べて有意に低い結果でした。Uさんは，言葉による理解や表現，推論が得意である一方，聴覚的短期記憶や視覚的短期記憶の苦手さがあり，注意・集中を持続させることが難しいと推測されました。これは，口頭のみの説明では理解することが難しいのですが，図や穴埋めの式を提示しながら説明すると理解できる実態と一致しました。また，WMTBでは，言語性ワーキングメモリと視空間性ワーキングメモリ，中央実行系の標準得点が有意に低い結果でした。これらの結果から，Uさんは無意味なものの処理や記憶が難しいことが考えられました。Uさんの言語的な理解の強さを生かしつつ，聴覚的短期記憶や視覚的短期記憶の苦手さや注意・集中を持続させることの難しさに配慮した支援として，①手順を視覚的に提示する支援と，②スモールステップの学習により失敗経験を少なくする支援が有効であると考えました。

　上述の知見を踏まえ，以下の支援を行いました。なお，２位数÷１位数から３位数÷１位数，２位数÷２位数，３位数÷２位数，３位数×３位数の順で段階ごとに支援し，また各段階で余りのない筆算，余りのある筆算，空位のある筆算等，さらに小さな段階を設定し，支援を行いました。支援の手順は，①前週に支援した筆算の確認テストの実施，②書き込み式の「手順書」を活用して筆算の解き方を確認します（図50）。「たてる・かける・ひく・おろす」という手順に分けて，数を記入する欄を設けることで視覚的に手順を確認できるようにしました。書き込みを自分で完成させた手順書を用いることで，ワーキングメモリの負荷を軽減することができます。③手順書を見える位置に置いて練習問題に取り組みます。④確認テストを行います。

　Uさんは，２学期最後の確認テストでは７問中７問（100％）正答することができました。実態把握時に間違えていた商の立て方では，Uさんは最初の位に商が立たないときには薄くバツを書き，工夫して解くようになりました。

❹　見直し練習プリントを用いた事例

　学習につまずきのある児童のうち，知的発達に遅れはなくじっくりと取り組むことができれば正答できるのに，不注意型のADHDの児童のように注意を持続することが難しい児童の場合には，見直しスキルを定着させることが必要になります。そこで，以下に見直しスキルのためのカードを紹介します。小学４年生のV君は，ASDの診断がありWISCのFSIQの分類

では低いにありました。Ｖ君は学校のテストやプリントの問題を急いで解くため，ケアレスミスをよくしていました。「本当はわかっているのに100点がなかなか取れない。」と悔しい思いを表していました。そこで１問ずつ声に出して見直しをして正答できることをねらいとし，見直し練習プリント（図51）を用いました。Ｖ君は視覚的探索の弱さから，多くの問題の中から間違いを探し出すことができませんでした。そのため，１問ずつ指をあて声に出しながら見直すという聴覚を活用した支援を行いました。また，Ｖ君のケアレスミスの頻度の高い問題を分析し，どんな点に気をつけて見直せばいいのかを伝えました。その結果，テスト実施時のケアレスミスの数は減り，得点を取れるようになりました。

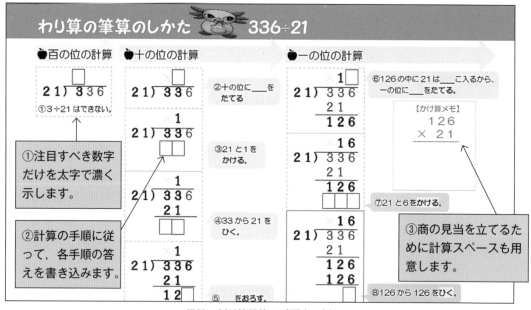

図50　割り算筆算の手順書の例

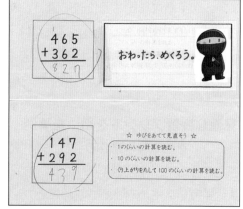

図51　見直し練習プリントの例

算数文章題の支援（キーワードへの注目）

 支援のポイント

❶ 算数文章題の支援

　学習障害の児童の中には，文章題につまずく児童がいます。これは，文章題が単に計算能力だけでなく，文章の理解などの言語的能力を必要とするからです。この節では，文章題につまずいたときの対応について具体的な支援例を紹介します。

❷ キーワードに注目するように支援した事例

　小学4年生のW君は，ASDの診断がありWISCのFSIQの分類では低いでした。W君は，加減乗除の計算は問題なく解くことができ，得意意識ももっていました。しかし，文章題となると適切な式を立てるのが困難で，しばしば間違えた式を立ててそのまま計算していました。割り算の余りを操作する文章題も苦手で，式と計算の答えは合っているのに問題に合った答えを書くことができませんでした（表10①）。また，答えは合っているのになぜか式と違うところもありました（表10②）。W君が問題を解く様子を観察してみると，式を立てる際に迷っても問題を読み直すことがなく，式を書く前に頭の中で計算して後から式を書いていました。W君が文章題をなかなか解くことができない背景には，①視覚的短期記憶の弱さと，②特性に合った解決方略の未習得がありました。W君は視覚的短期記憶が弱いために，問題文を読んでもなかなか頭に残りにくいと考えられます。特性に合った解決方略としては，K-ABCの継次処理の強さから順序立てて問題を解くことが考えられました。

　上述の問題で，①の視覚的短期記憶の弱さをカバーする手立てとして問題文を読む際に「わかっていることは何なのか」「聞かれていることは何なのか」の二つのポイントをはっきりと明示し，W君に下線を引かせるようにしました。これによってW君は，正しい式を立てることができるようになりました。配慮した点として，最初はそれぞれのポイントを赤ペンや青ペンで色分けしてわかりやすいように線を引かせました。この方略が定着したら，次は鉛筆1本で波線や直線で違いをつけて引かせるようにし，より少ない労力で手立てが利用できるようにしました。

　②の特性に合った解決方略で問題を解くことについて，算数の文章題を解く際の手順を記した手順書を作り（図52），それを使ってW君が問題を解けるようにしました。その手順書には，①の手立てである「わかっていることは何なのか」「聞かれていることは何なのか」の二つに下線を引くことを手順として入れました。これによって，W君は問題を整理しやすくなったために表10に示した間違いはなくなりました。最終的にW君は，手順を自分の中に取り入れることができ，手順書を見なくても問題が解けるようになりました。

このときに配慮した点は，文章題を解くための手順はたくさんあるのですが，多すぎるとかえって煩わしくなり便利な道具ではなくなるために，W君にとって本当に必要な手順のみを手順書に載せたことです。W君の場合は，継次処理が得意だったので順序を意識した支援を行いましたが，同時処理が得意な児童の場合は，絵などの全体的なイメージを用いて問題をとらえさせるという方法も考えられます。

表10　間違いの例

①　5人乗りの車があります。18人が全員乗るには車は何台あればいいですか。
　　〈式〉18÷5＝3…3

　　　　　　　　　　　　　　　答え　　3台…3

②　34個のあめを4人で分けると，1人あたり何個あめがもらえて，何個余りますか。
　　〈式〉34×4＝8…2

　　　　　　　　　　　　　　　答え　　8個もらえて2個あまる

文章題カード
①わかっていることに＿＿＿＿＿を引こう。
②きかれていることに＿＿＿＿＿を引こう。
③式を書こう。
④計算をしよう。
⑤＿＿＿＿＿と同じように答えを書こう。

図52　利用した手順書

算数文章題の支援（解決過程の活用）

 文章題の解決過程に基づいた支援

❶ 対象児の概要

水野（2019）は，文章題の解決過程に基づいた支援事例を報告しています。対象児は，通常の学級に在籍する小学5年生のYさんでした。Yさんは，算数障害の診断を受けていました。Yさんは，与えられた課題に積極的に取り組み，「もっと勉強ができるようになりたい。」と発言していました。これまでの学習支援教室でのYさんは，課題に対して間違えることを嫌がり，自信がないと支援者の顔色をうかがったり，黙ってしまったりしていました。また「私は算数が苦手。」「覚えてもすぐに忘れちゃう。」と発言するなど，算数の勉強に対して苦手意識をもっていました。WISC-IVの結果よりFSIQは平均の域にあり，ワーキングメモリー指標（WMI）は，他の三つの指標に比べて有意に高かったです。

❷ 算数に関する実態把握

Yさんの算数の実態として，4年生までの計算は75問中69問（92%）を正答することができました。このことから，実行過程につまずきはみられないと判断しました。次に文章題として，Yさんの著しく困難を示している実態を考慮し，整数の問題に的を絞ることにしました。4年生の文章題では小数や分数の問題を含むため，3年生までの文章題の実態把握を行うことにしました。文章題では，30問中13問（43%）の正答でした。詳細は，加法が5問中3問（60%），減法が5問中3問（60%），乗法が8問中5問（63%），除法が8問中0問（0%），四則混合が4問中2問（50%）でした。

加減法

Yさんは順序立てて考える問題や，「合わせて」「全部で」というようなキーワードを含む問題はすぐに解くことができましたが，比較型［～は…より多い（少ない）］の問題では立式に時間がかかり，「多い，だから足し算」とキーワードのみで解いたため，キーワードと演算子が一致しない場合に誤答していました。支援者がヒントとして図を描くと，Yさんは答えを求めることはできましたが，問題文と図を対応させることができず，立式につなげられませんでした。

乗法

問題文を読んですぐに立式することができ，Yさんは「○個が□ずつあるから掛け算だね。」と図を描きながら支援者に説明できました。

除法

Yさんは，「分ける」というキーワードを含む問題でも立式できませんでした。四則のうち

除法の概念がイメージできていませんでした。

乗除法

　基準量×〇倍＝比較量，比較量÷基準量＝〇倍の問題では，Ｙさんは「〇倍だから掛け算」と答えたため，除法では誤答しました。また，乗法の問題でもＹさんは「『ａは，ｂの何倍です。』の文章の意味がわからない。」と言い，二量関係を把握することができていませんでした。支援者が絵や図を用いて説明するとＹさんは立式できましたが，「何となくわかるけど難しい。」と言うなど，絵や図を用いても量の把握ができませんでした。

四則混合

　Ｙさんは，文意を正確に読み取ることができず，出てきた数字の順に当てずっぽうに立式をしていました。

　文章題の解決過程のつまずきを調べるために，石田・多鹿（1993）を参考に小畑（2014）が作成した解決過程アセスメントの問題を実施しました。その結果，Ｙさんの各過程の正答率は，変換過程が６問中４問正答（67%），統合過程が６問中０問正答（0%），プラン化過程が６問中０問正答（0%）でした。この結果から，Ｙさんは解決過程のうち統合過程とプラン化過程に著しいつまずきがあることがわかりました。

❸　支援

　支援では，実態把握で特につまずきのみられた除法の支援を行うことにしました。教材として２・３年生の乗除法（二量関係の問題を除く）の文章題を用いました。支援に用いた除法の文章題の例は，「あめが12個あります。３人で同じ数ずつ分けると１人分は何個になりますか？」という等分除の問題と，「あめが12個あります。１人に４個ずつ分けると，何人に分けられますか？」という包含除の問題でした。

　また，解決過程の実態把握の結果を踏まえ，統合過程に応じた支援では，図的表現を用い問題スキーマを形成させるために毎回の支援で類題に取り組ませました。プラン化過程に応じた支援では，メタ認知能力の形成を目的とし，Ｙさんに解法について自己説明をさせることを取り入れました。以下に具体的な支援の手順を示します。

① 　問題文と絵がかかれたプリントを提示し，Ｙさんがわかっていることと聞かれていることに線を引き，問題整理をする統合過程に応じた支援を行います。

② 　立式・計算をして答えを出させます。その際，立式の理由をＹさんに尋ね，自己説明を促すプラン化過程に応じた支援を行います。

③ 　類似問題に取り組ませる統合過程に応じた支援。立式後に自己説明を促します（プラン化過程に応じた支援）。

④ 　次週，確認テストを行います。

❹ 結果

　支援期の各セッションの確認テストの正答率は，83％でした。また，評価テストの正答率は，100％（9問中9問正答）でした。セッション5では，具体物のあめを用いながら支援者が説明したことで，Yさんは除法の概念を理解し，また等分除と包含除の違いもYさん自身で具体物を操作しながら説明できました。セッション6では除法の問題でYさんは，具体物操作を行わなくても文意を理解し，「同じ数ずつ分ける，だから一つずつ分けないといけないね！」と述べ，「もし何個かずつ分けたら最後の人が余ったりするかもしれないから。」と等分除の理由も説明できていました。その一方で，Yさんは乗法の問題をすべて誤答し，「配る，だから割り算。」「入れていきます，だから割り算。」と発言し，問題文のキーワードのみで解こうとしていました。また，「一つのお皿にあめが8個入っています。そのお皿が三つあります。全部でいくつありますか？」という問題では，Yさんは一つ，8個，三つに丸をつけ，「数字が三つもあって難しい。」と発言し，立式するのに時間がかかりました。絵を用いながら問題整理を行うと立式することはできましたが，乗法と除法を混同しているようでした。そこで支援者は絵を用い，乗法と除法の違いについて説明しました。セッション7では，乗法・除法の問題ともに正答し，また確認テストでもYさん自身で抽象的な絵を描きながら立式の理由まで説明でき，問題状況を理解した上で問題を解くことができていました。また，除法の問題で「分ける」というキーワードがない問題でも正答できました。セッション7の評価テストでは，100％の正答率で1問立式を迷いましたが絵を描くよう促すと絵を基に立式でき，その理由もYさん自身で説明できました。

【文献】

石田淳一・多鹿秀継（1993）算数文章題解決における下位過程の分析．科学教育研究，17，18-25.

水野智佳（2019）算数文章題につまずきのある児童への問題類型と解決過程に応じた支援の効果．熊本大学特別支援教育特別専攻科平成30年度修了論文（未公刊）.

小畑雅子（2014）発達障害のある児童の算数文章題の解決過程におけるつまずきとそれに応じた指導の効果．熊本大学大学院教育学研究科平成25年度修士論文（未公刊）.

4 不適切な行動への対応

1 不適切な行動のとらえ方

❶ 不適切な行動に取り組むことの重要性

　発達障害の児童の中には，学習の問題だけでなく不適切な行動がある場合があります。不適切な行動は，多動性−衝動性などのためにずっと席に座り続けることが難しい，何をどうしたら良いかわからないために教室に入れない・席に座れない，学習支援教室に来る際に保護者とトラブルがあったことが尾を引いて机に伏してしまう，苦手な課題を取り組む際にできずにイライラしてプリントをやぶいてしまう，などです。この節では，学習課題にスムーズに着手し，苦手な課題でも取り組めるように配慮するための行動面の実態把握について述べます。

❷ 不適切な行動の実態把握

(1) 不適切な行動の複雑さ

　発達障害の児童の不適切な行動は，本来の障害特性から生じるものと，学習障害などの学習のつまずきの二次障害として生じるものの二つが複雑に混ざり合っています。事例の中には，不適切な行動が解決して改めてその児童本来の学習の問題が浮き彫りになる場合があります。不適切な行動を考える上で医学的な診断は参考になりますが，ADHDでもうまく自分でコントロールできる児童がいたり，学習障害なのに二次障害として不適切な行動が中心的課題であったりする児童がいます。また，学級集団の中で現れる行動や保護者との関係の中で現れる行動が，1対1の支援場面では現れない場合があります。

　したがって，不適切な行動が気になった場合には，保護者からの報告を踏まえて，どのような状況の中でどのくらいの頻度で，どういう行動として生じているのかについて十分に実態を把握する必要があります。さらに必要に応じて，学校の様子を観察する必要があります。

(2) 行動の実態把握

① 標的行動を決める

　行動の実態を把握するときには，測定すべき標的行動を明確にしておく必要があります。例えば，「算数の文章題に苦手意識がある」といった記述では，それが何回生じたかを数えることはできません。行動を数えるためには，苦手意識があるという記述ではなく「机に伏す」や「席を立つ」，あるいは「担当者に向かってネガティブな発言をする」など数えられる行動として，操作的に定義する必要があります。

　対象となった児童に不適切な行動がある場合には，実態把握期の中で標的行動を特定し，その発生回数を測定しておく必要があります。測定しておくことにより，ベースラインとして支

援が進んだときの行動上の変化と比較することができます。

② 行動を数える

　標的行動がどのくらいの頻度で生じているかを明らかにするには，事象記録法，インターバル記録法，時間サンプリング法があります（Alberto & Troutman, 1999）。

●事象記録法

　事象記録法は，観察期間中に生じた行動の総頻度数を記録する方法です。例えば，40分間の学習時間のうちに席を離れた回数を数えることで，行動の頻度を把握することができます。ある行動の回数を数えるのであれば，事象記録法は便利です。しかし，①正確な回数を記録しきれないほど高頻度で生じる行動や，②放っておくと長時間続く可能性のある行動あるいは反応の場合には，事象記録法は不適切です。①は，具体的には常同行動（手をひらひらさせる行動，からだを揺らす行動など）や瞬きなどは，あまりに高頻度で生じるために数えるのが不可能です。②は，離席行動が学習支援教室に来たときから始まり，終了するまで外で遊んでいて席にもどらなかったとしても，その間に生じた回数は 1 回ということになってしまいます。長期間続く行動の場合には，以下の記録法が有効です。

●インターバル記録法

　インターバル記録法では，観察者は一つ一つの行動の回数ではなく，行動が出現したインターバルの数を数えます。例えば， 1 分間を10秒ずつ六つのインターバルに分けたインターバル記録法では，10秒の間に標的行動が一度でも生じれば，そのインターバルは生起したとして数えられます。先ほどの例のように，長期間続く離席行動などはインターバルの数を数えることによって，時間を示すことができます。デメリットは， 1 回でも10回でも10秒間のインターバルの間に生じた回数は 1 回として数えられるので，行動が生じた実際の数は記録には現れない点です。副担当などの観察者が別にいるときには，インターバル記録法を用いて記録することができます。

●時間サンプリング法

　時間サンプリング法は，標的行動が各インターバルの最後に記録されます。例えば，10分インターバルの時間サンプリングであれば，ちょうど10分目にその標的行動があったかなかったかを記録し，そのインターバルの回数を数えることになります。デメリットは，たまたま観察したその瞬間に行動が生じていないと，その前後に行動が生じていたとしても記録の上では生じなかったことになってしまうことです。時間サンプリング法は，秒ではなく分単位でインターバルを分けるため，観察から観察までの時間間隔は長くなります。そのため，主担当が 1 人で児童に対する支援とデータの収集を同時に行う場合には便利です。インターバルを15・30・45分，あるいはそれ以上の時間に設定すると， 1 日あるいは 1 授業を通じた観察が可能になります。時間サンプリング法は頻繁に生じる行動や長時間続く行動に特に適していると言えます。

応用行動分析の基本的な考え方

❶ 原因はどこにあるのか

　教室の中で児童の不適切な行動（例えば，授業中に立ち歩く，すぐに大声で騒ぐなど）があったときに，その原因がどこにあるかについて教師や学生に尋ねて得た答えは，主に次の二種類に分けることができました。

① **対象の児童（の中）に原因があるとする考え方**

　・その児童の特性だから　　・ADHD だから　　・親の育て方が悪いから

　・親や保育所でのしつけがなっていないから　　・やる気がないから

　・家庭でトラブルがあったから　　・ストレスが溜まっているから

② **教師との相互作用に原因があるとする考え方**

　・授業に興味がもてない　　・何をしたら良いかわからない

　・どう答えて良いかわからない　　・注目して欲しい

　①の立場に立つと，原因は児童の中にあるので，対象の児童自身が変わるまで教師は何も対応できなくなってしまいます。②の立場に立てば，教師がかかわり方を変えることによって対象の児童の行動を変えることができます。

　応用行動分析は，②の立場です。私自身，応用行動分析を最初に習ったときにうまく切り替えられなかったことは，①の立場を捨てきれないまま②の立場を取ろうとしたことでした。①の立場は，児童の内側にある内部表象系（心の中のこと）を想定してしまいます。応用行動分析は，内部表象系をすべて無にすることによって初めて不適切な行動として児童の行動を扱うことができるのです。中途半端に応用行動分析を習うと，肝腎なところで児童の内部表象系の話に置き換えてしまうため，行動を制御することに失敗してしまいます。特に，支援者がカウンセリングマインドなどを習うと，どうしても「子どもの心に寄り添う」など児童の内部表象系を想定してしまうので，児童の行動を制御できないままに終わってしまいます。ぜひ，児童の内部表象系を一度すべて無にして行動主義者の立場に立ってみてください。そうすることによって，初めて応用行動分析の考え方を理解できるでしょう。

❷ 基本的な考え方

　発達障害の児童にかかわる際に重要なポイントは次の点です。

① **叱責や罰は逆効果**

　教師が罰を与えようとして叱っているつもりでも，その行動が児童にとってはかまってもらえるという接近の機能の強化子として作用することがあります。また，感情的な叱責は，なぜ叱られていたのかをほとんど理解できないまま，叱られたことがトラウマのように残ってしまうことがあります。したがってできないことを叱るよりも，何をどうしたら良いかを具体的に

伝えるようにしてください。

② 漠然とした指示では何をしたら良いかわからない

　発達障害の児童の中には，「『生きる力』を育むこと」が難しい児童がいます。このため，発見学習などはとても苦手です。以前，小学４年生の算数の研究授業で，大きな面積について考える授業を参観したことがありました。これは体育館に教師が新聞紙を貼りつけた大きな図形を用意し，児童がその面積をどう測るかを考える授業でした。障害のない児童は，ひもを用意したり教師用の定規を持ち出したりと課題を解決しようと取り組んでいました。そのクラスに一人発達障害の児童がいました。彼は，通常の授業では普通に授業に参加できていましたが，この授業ではどうして良いかわからず，授業時間中ずっと体育館内をうろうろして新聞紙を覗き込んで授業が終わってしまいました。この授業の指示は，彼にとっては漠然としたものであったと推測されます。したがって，何をしたら良いかわからなかったときに，例えば彼のために大きな面積の求め方の段階的なヒントが用意されていれば，彼はその時間を有意義に過ごせたに違いありません。したがって発達障害の児童の中には漠然とした指示ではわからない児童がいること，そのために手順書などを用意しておく必要があります。

③ カウンセリングマインド（受容や共感）だけでは解決できない

　最近，教師もカウンセリングマインドを理解され，児童の気持ちを受容し共感することが奨励されています。定型発達の児童の場合には，受容し共感することで自ら課題を解決できる場合があります。ところが発達障害の児童の場合に，受容し共感されてもどうしたら良いかがわからないことがあります。例えば，友だちとどのようにかかわったら良いかわからない児童の場合には，受容し共感することも大切ですが，それよりも友だちとのかかわり方をスモールステップで教えてあげる方がその児童にとって生活を豊かにすることにつながります。

④ 言葉の裏にある意図や気持ちを理解することは難しい

　特に ASD の場合に，言葉の裏にある意図や気持ちを理解することは難しいことが指摘されています。例えば，友だちが教師に叱られているのに，その近くで同じような行動をしてしまって教師によけいに叱られることもあります。したがって，ASD の児童が「相手の身になること」は難しいことを知っておく必要があります。その一方で，事実関係は理解できます。したがって，ASD の児童でも視覚的な材料を工夫し，何度も繰り返しながら人とのかかわり方や状況を体験的に理解することによって，適切な行動を身につけることができます。

❸ 行動を増やす・減らす

　教師の中には，「その子の将来が心配なので，今のうちにその性格を直しておかないと。」とおっしゃる教師がいます。応用行動分析では，性格を変えることではなくて行動を変えることを目的としています。つまり，子どもの「心の奥」ではなく，現在の「行動」をみる（山本・池田，2005）ことが支援を行う上でのポイントになります。

(1) 行動を増やす

　ある行動が起きたときに，それに随伴して強化子が与えられることでその行動は増えていきます。例えば，宿題を行うという行動の後にお母さんや教師にほめられると，宿題を行うという行動が増えていきます。例えば，買い物に行って欲しいおもちゃがあったときに，店先で泣いたら欲しいおもちゃが手に入ったことを経験すると，次回も欲しいおもちゃがあったときに泣くという行動が増えていきます。このように，行動に後続して強化子が与えられるとその行動が増えていきます。

　Alberto and Troutman（1999）は，表11の強化子を示しています。学校では一次性強化子を用いることはありませんが，教育相談などの ASD の幼児の要求言語行動を形成するために，食餌性強化子や感覚性強化子を用いることがあります。学校では主に，二次性強化子が用いられることが多く，特に，トークンエコノミー法を用いる場合には，トークンやシールなどの般性強化子を用いる場合が多いでしょう。

表11　強化子のカテゴリーと例（Alberto & Troutman, 1999）

分類	表カテゴリー	例
一次性強化子	1．食餌性強化子	食べ物・飲み物：クラッカー1枚，ジュース1口，プリンなど
	2．感覚性強化子	統制された視覚・聴覚・触覚・嗅覚・筋運動感覚経験への曝露：人形の毛で顔を撫でる，音楽をヘッドフォンで聞かせるなど
二次性強化子	3．具体物（物的）強化子	証書，バッジ，ステッカー，アイドルのポスター，風船
	4．（a）特権強化子	学級委員，チームのキャプテン，宿題の免除
	（b）活動性強化子	遊び，特別企画，テレビ・パソコンを操作する，算数の特別問題
	5．般性強化子	トークン，ポイント，クレジット
	6．社会性強化子	表情，接近，接触，言葉がけ，フィードバック，着席位置

(2) 行動を減らす

　行動を減らす場合には，上述の強化子を与えないようにします。いわゆる消去手続きを行うことになります。例えば，宿題を行ったのにほめてもらえない，おもちゃ売り場で泣いてもおもちゃを買ってもらえないことが続くと，宿題を行う行動や泣いておもちゃを買ってもらおうとする行動が減少します。

　消去を始めた際に，一時的に行動が増えることがあります。減らすべき行動については，かかわる人たちが協力して，たとえ一時的に行動が増えたとしても，それには動じずに行動を消去し適切な行動を習得できるように援助する必要があります。

❹ 機能分析

　例えば，授業中に「席を離れる」という不適切行動を考えてみましょう。難しい課題が与えられたときに「席を離れる」場合と，他の児童がパソコンで課題を行っているのを見て自分もやりたくて「席を離れる」場合，さらに何もすることがなくて「席を離れる」場合，あるいは教師が他の児童と話しているときにかまって欲しくて「席を離れる」場合など，同じ行動でもその前後の状況によって，その行動のもつ機能が異なります。そこで，その行動の機能を調べる必要があります。行動の機能を調べるための方法として，① ABC 分析と② MAS があります。

(1) ABC 分析

　山本・池田（2005）は，不適切な問題の悪循環を引き起こし，維持させている中心的な要因を見つけるために，「環境と個人との相互作用」という観点から，ABC 分析を実施することを述べています。山本らによれば ABC 分析とは，行動（B）が出現したときの，環境側の先行刺激（A）と後続刺激（C）がどのようなものかを考えることです。ABC は，行動の前の先行刺激（Antecedent Stimulus）のA，行動（Behavior）のB，そして後続刺激（Consequent Stimulus）のCの頭文字を示しています。図53に示すように，ある行動が生じる前後の様子を分析することによって，その行動を引き起こしている先行刺激と後続刺激（強化子）を明らかにすることができ，結果として支援する際に有効な計画を立てることができます。

図53　行動の ABC 分析の概要

　児童の行動の対応に困っている教師は，多くの場合にその行動が生じる前の状況（先行刺激）について詳細に記録しています。しかし，行動を増やしたり減らしたりしているのは強化子であることから，むしろその行動が起きた後の記述が大切になります。また，教師が研修等で ABC 分析を習うと，やたら先行刺激を操作して肝心の後続刺激（強化子）を操作していないことがよくあります。

　ABC 分析を実施することにより，不適切な行動の意味（機能）を明らかにすることができます。現在，行動のもつ機能として①注目，②自己刺激，③逃避，④物や活動要求の四つがあると言われています。四つの機能とそれに基づく支援の可能性として，表12（p.111）に離席行動の例を示しました。例えば，児童が授業中に席を離れたときに，教師が罰を与えるつもりで叱ったとします。もし，叱ることが注目としての機能だとしたら，逆に強化子を与えて離席

を強化していることになります。したがって，その行動のもつ機能を理解して対応することは大切です。

　表12に示されているように，具体的な対応として，①不適切な行動（ここでは離席行動）と同じ機能の行動（例えば，身振りサインやカードなどで要求を伝える）を習得することで，不適切な行動を減らすなどの代替行動分化強化があります。また，②行動が起きたときに後続刺激として視線をそらすなどすることによって，その行動を強化しないようにすること（消去）も対応策として考えられます。さらに，③その児童にとってわかりやすい情報を提示するなど，先行刺激を調整することによっても不適切な行動を減らすことができます。

(2) MAS による機能分析

　行動の機能をとらえる方法として，Durand（1990）による MAS（Motivation Assessment Scale）があります。MAS は問題行動のアセスメント尺度と呼ばれ，16項目の質問を7段階で評価することで，その行動のもつ〈感覚〉，〈逃避〉，〈注目〉，〈要求〉の四つの機能を評価することができます。MAS は，行動の機能をとらえる上で利用しやすくわかりやすい尺度として用いられます。年少の事例では，行動がシンプルなのでその行動の意味が比較的わかりやすいのですが，年齢がすすむにつれて行動の機能が重なり合うことが多く，四つのうちのどの機能なのかを見極めることが難しい事例もあります（例えば，当初はかまって欲しい注目の機能だったのに，長年行動が継続するとクセのように何もないときにも行動が生じるようになるなど）。

❺　支援する上でのポイント

(1) 行動の強化随伴性

①　本人にとっての強化子

　不適切な行動への対応の最初のポイントは，対象の児童にできるだけ早く強化随伴性を伝えることです。強化随伴性とは，良いことをしたら良いことが起こり，良いことをしないと良いことが起こらないというルールを児童に理解させることです。そのためには，良いことをしたときには児童にとって良いことが起こらなければなりません。強化子は，「行動の将来の出現率や反応確率を維持したり増大させたりする結果刺激」と定義されています（Alberto & Troutman, 1999）。そのためには，強化子が本人にとって行動を増やすような魅力的なものであるかどうかを，検討する必要があります。

　具体的には，本人がどのようなことに興味や関心をもっているのかを事前に十分調べておく必要があります。例えば，ポケモンなどのアニメのキャラクターは，児童にとても人気があり，そのカードやシールがもらえることで児童は苦手な課題に取り組むことができます。

②　一貫した強化

　次に強化を一貫したルールで行うことは，発達障害の児童にかかわる上でとても重要になります。また，普段の日常生活においては，保護者がほめたり叱ったりしているのですが，保護者のそのときの機嫌や気分によって，同じ行動なのにとてもほめられるときもあれば，全くほめられないときもあります。また，良いことをしたら手に入るはずなのに，泣いてぐずったら欲しいものが手に入ったということになると，せっかく強化随伴性を伝えようとしているのに，支援が一貫しないことになり，本人の混乱を招きます。

　また，支援者が研修を受けてこれまでの自分の取り組みを反省し，一貫した支援をしようとするのは良いのですが，支援者の都合である日突然それまでは許されていたことが禁止されてしまい，児童が混乱してしまったという事例もありました。もしも，支援方針などの契約上の大きな変更があるのであれば，支援者と本人の間でもう一度，その契約内容について確認してから変更を行わなければなりません。

③　成果の残る工夫（視覚的なものの活用）

　強化子を与える場合には，それが視覚的に提示され努力の跡が残るような工夫が必要です。例えば，ほめることが社会的な強化子であると思いひたすらほめたとしても，認知的なアンバランスさから聴覚情報が入り難いタイプの児童や他者意図理解に困難のある児童にとって，言葉でほめられることは強化子としてあまり機能しません。シールなどの目に見える形の方が，児童にとってその成果がわかりやすい場合があります。

(2) 実態把握期での配慮

　児童が初めて学習支援教室にやって来るときなどは，新しい場面であるために見通しがもてず，何をしたら良いのかわからないために混乱することがあります。また，不適切な行動を併せもつ場合もありますので，実態把握期には次の点に配慮しておく必要があります。

①　見通しのもてなさへの配慮

　教室に入れないなどの行動の背景には，見通しのもてなさからくる不安があると推測されます。何をしたら良いのか・どんなことをされるのかがわからないと，障害のない私たちでもとても不安になります。不安を減らすためには，まずその日に教室で何を行うか（予定表など）を事前にメールなどで伝えておくようにします。それだけでも見通しをもって参加することができ，不安を減らすことができます。

②　強化子への配慮

　保護者に連絡をし，本人の好きなキャラクターや興味のあることについて事前に把握しておきます。最初の段階で，強化随伴性を伝えることができれば，次第に課題を難しくしていくことも可能になります。そのためには，どのようなことに興味をもっているのかを把握して，シールなどの強化子を用意しておくことは重要です。

（3）強化スケジュール

また，次のように強化スケジュールを考えて組むことは，重要です。

①　形式的強化から実質的強化へ

　学習支援教室に通い始めの児童はまず，プリント1枚につきシール1枚といった形式的強化から行います。このときの標的行動は，「座ってプリントの問題を解くことができる。」になります。例えば，プリント1枚解くとシールが1枚もらえます。適切な行動に随伴させて後続刺激を提示することによって，シールが正の強化子としての効果をもつようになります。強化子を随伴させることによって行動をコントロールできるようになってきたら，何問中何問正答したらシールがもらえるといった実質的強化へとルールを変更していきます。このときの標的行動は，「○問中□問，間違えずに解くことができる。」です。○問中□問を間違えずに解くことができたら，強化子としてのシールを随伴させます。そうすることで，問題の正答率を上げることができます。

②　即時強化から遅延強化へ

　まだ強化子により行動をコントロールできていないときには，行動と強化子との間隔をなるべく短くします。そうすることによって，望ましい行動に強化子が随伴することを児童にわかりやすく伝えます。特にADHDなどの衝動的な行動のある児童の場合には，即時強化は重要です。しかし，システムに慣れ強化子により行動がコントロールできるようになってきたら，今度は強化の間隔を，10分から15分，15分から30分，30分から1時間へと長くし，すぐに強化子がもらえなくても行動を維持できるようにします。児童によっては，1日の振り返りや，週に一度の学習支援教室での振り返りによって行動を維持できるようになった児童もいます。また，シールなどだけでなくトークンエコノミー法を導入し，トークンを貯めてバックアップ強化子として児童の好きなものや活動と交換できることで，行動をよりコントロールしやすくします。

　ADHDの場合，継続的に強化子が与えられる場合には効果的ですが，強化子を間欠にしていく場合に効果がなくなってしまうことが指摘されています（Barkley, 1997）。ADHDの場合，強化子を減らしていく際に，強化スケジュールをうまく設定することが重要になるでしょう。

【文献】

Alberto, P. A. & Troutman, A. C. (1999) Applied behavior analysis for teachers: Fifth edition. Upper Saddle River NJ: Merrill Prentice-Hill. 佐久間徹・谷晋二・大野裕史（訳）（2004）はじめての応用行動分析日本語版第2版. 二瓶社.

Barkley R. A.（1997）ADHD and the Nature of Self-Control., New York NY: The Guilford Press

Durand, V. M.（1990）Severe behavior problems: A functional communication training approach. New York: Guilford Press.

山本淳一・池田聡子(2005)応用行動分析で特別支援教育が変わる―子どもへの指導方略を見つける方程式. 図書文化社.

表12 行動の機能とそれへの対応例

離席行動の機能に関する仮説

先行刺激 →	行動 →	後続刺激 →	強化される行動
近くに人がいる	離席する	身体を押さえる 離席しないように叱る	もっと離席する
機能：〈注目〉相手から注目を得ることで強化される（正の強化）。			
課題を要求される	離席する	課題が中断される	もっと離席する
機能：〈逃避〉嫌な場面から回避・逃避することで強化される（負の強化）。			
やりたいことがある 欲しいおもちゃがある 欲しい食べ物がある	離席する	やりたいことが許される おもちゃが手に入る 食べ物が手に入る	もっと離席する
機能：〈物や活動要求〉欲しいものを獲得することで強化される（正の強化）。			
何もすることがない	離席する	刺激を得る	もっと離席する
機能：〈自己刺激〉自己刺激を得ることで強化される（正の強化）。			

離席行動の機能への対応の可能性

先行刺激 →	行動 →	後続刺激 →	強化される行動
〈注目〉への対応			
近くに人がいる	離席する	応答しない 視線をそらす	離席が減る
	カードを出す 身振りサインをする	Ｔ２が応答する	代替行動の強化
〈逃避〉への対応			
課題を要求される	離席する	席で最後まで課題をさせる 嫌なことを受けとめる	離席が減る
	嫌と言う カードを出す	課題を中止する 課題を減らす	代替行動の強化
〈物や活動要求〉への対応			
欲しいものがある	言葉で伝える 身振りサインで示す	手に入る	代替行動の強化
〈自己刺激〉への対応			
何もすることがない			
活躍場面を増やす	活動に参加	活躍をほめられる	代替行動の強化

行動をコントロールできない児童への対応

1 トークンエコノミー法の活用

● トークンエコノミー法

　ADHD などの行動がコントロールできない児童への対応として，トークンエコノミー法を用います。加藤・大石（2004）は，トークンエコノミー法について以下のように説明しています。

　　トークンとは，プリペイドカードや連絡帳などに貼りつけられるシールなど，代替的な価値（貨幣）を有するものである。このトークンを，対象者の特定の行動に随伴して与えることで，適切な行動を増加させたり，また不適切な行動を減少させたりできる。対象者は一定の基準に応じて入手したトークンの量により，本人の好む様々なものや活動などの「バックアップ強化刺激」と交換できる。また，不適切な行動の減少を目的とした手続きとして，一定の割合でトークンが取り除かれる「レスポンスコスト法」がある。

　このようにトークンエコノミー法とは，事前に設定された比率に基づき行動に対してトークン（代用貨幣）を提供したり（強化），トークンを取り上げたり（レスポンスコスト）するシステムのことです。このトークンは好きなものや活動（バックアップ強化子）と交換できることが約束されており，このことが行動の維持と抑制に重要な意味をもちます。
　例えば，
●プリントを 1 枚解くごとにシールが 1 枚もらえて，シールが20枚貯まると好きなキャラクターのカードがもらえる。
●暴言を吐いたり机に伏せたりせずに課題に取り組むことができたら，10分ごとにビー玉をカンの中に入れていき，ビー玉一つで 1 分ずつ休み時間が延びる。
●セルフモニタリングカードで，約束していた項目が守れたら 1 ポイントずつ得点がもらえて，120ポイントになったらプラモデルと交換できる。
　ASD と障害が重複していない ADHD の児童は，トークンエコノミー法を用いることによって行動をコントロールすることが容易です。できるだけ年少のうちに，児童自身が自分で自分の行動をコントロールできたという経験を増やしていくことが，その後の不適切な行動にかかるコストを大幅に削減することにつながります。
　教師の中には，児童は内発的に動機づけられているので，強化子を与えることに対して抵抗を示される方がいます。また，若い学生の中にも児童に強化子を与えることに対して，エサを与えて行動をコントロールするようなことはしたくないと言う学生もいます。

では，人はみな内発的に動機づけられて行動を行っているのでしょうか。私自身の行動を振り返ったときに，給料は安いよりも高い方が良いし，自分の行っている研究活動については肯定的な外的評価を得たいと思います。実は私たちは，思っている以上に外的な強化子によって動機づけられています。児童も教師や保護者からほめられたいし，良い行動を行った結果としてのご褒美を手に入れたいと思っています。トークンを用いることによって発達障害の児童たちの不適切な行動をコントロールできるのであれば，なるべく年少のうちに行動をコントロールできるに越したことはありません。トークンエコノミー法を用いずに，不適切な行動に対して誤った強化子を与えるままに問題が先送りされてしまうほど，その行動の修正に対するコストが増加することになります。

2　トークンエコノミー法を用いた支援

❶　登校をしぶりがちな児童への対応

　小学5年生のA君は，WISC-Ⅳの結果FSIQの分類が低いにあり，国語と算数は小学2年生レベルでした。A君は，学習のつまずきの問題もあったのですが，夜遅くまでゲームをして朝起きれずに学校を遅刻したり休んだりすることが次第に増えてきました。そこで，学習面の支援だけでなく生活面の支援を含めて介入することにしました。

　A君と相談した結果，ポイントが貯まったら学生と一緒にボウリングに行きたいということになりました。そこで，日常生活のポイントをコース別に作成し，そのポイントが貯まったらバックアップ強化子としてボウリングに行くことにしました（図54）。A君は，ポイントを貯めるために夜も早めに寝て朝も早く起き，顔を洗うなどの項目を達成してポイントを得ることができました。1ヶ月の取り組みの結果，目標としていたポイント数に達したので，学生と一緒にボウリングに行くことができました。様々な項目を通過することができたのですが，朝から学校に行くという項目は，最後まで達成することができませんでした。

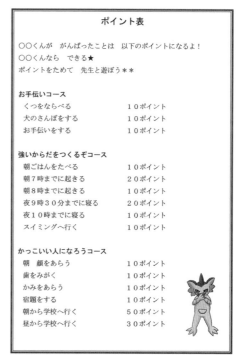

図54　トークンエコノミー法のポイント例

❷ 課題に取り組もうとしない児童への対応

　B君は，学習中に周りの児童や近くの友人が気になって，よそ見をしたり離席したり手遊びを始めたりすることがありました。学習課題に従事する割合は平均63%であり，学習への注意・集中が困難でした。苦手な文章問題プリントを提示すると「これしたくない。」「これきらい。」などの発言がありました。また，学習中にわからない問題があると持っていた消しゴムを鉛筆で刺したり，自分の思い通りにならないとプリントを握り潰したりするなどの不適切な行動の生起回数は平均8.6回でした。

　WISC-Ⅳの結果より，FSIQ の分類は平均の下でした。ワーキングメモリー指標（WMI）が有意に低いことから，集中して物事に取り組むことが難しく注意がそれやすいと考えました。これは，B君が課題と課題の間の時間が空くと，周囲の人の勉強している様子が気になってよそ見したり離席したりする実態からも推測されました。また，苦手な課題のときに「これ習っていない。」「この問題大きらい。」という発言から，学習に対する苦手意識が考えられました。

　そこでB君にとって，①学習の課題達成や望ましい行動に対してトークンエコノミー法を取り入れた支援と，②ゲーム的要素を取り入れた活動が有効だと考えられました。学習課題に従事した場合に対してトークンを随伴させ，達成基準を設けて基準をクリアすると，好きなキャラクターのカードなどのバックアップ強化子を手に入れることができるようにしました。B君と話し合ってトークンの個数や達成基準，バックアップ強化子を決めました。宿題プリントと一つの学習活動に対してトークンのシールを２枚ずつ与え，20枚トークンが貯まったらバックアップ強化子と交換できるようにしました。さらに，不適切な行動をしないこともポイントになるようにしました。

　B君にトークンエコノミー法を取り入れたところ，課題に従事した割合は平均63%から89%に増加しました。答えがわからなかったとき，支援前にB君はプリントを握り潰したり，机やプリントに落書きしたり，鉛筆で消しゴムを刺すなどの不適切な行動は平均8.6回でしたが，支援後には不適切な行動の生起数は平均1.4回に減少しました。さらにB君は，学習中に不適切な行動を行わず，生起したとしても再び課題に取りかかるまでの時間が短くなり，学習活動に集中して取り組むことで決められた学習課題にかかる時間も短くなりました。トークンエコノミー法を学習支援に取り入れることで，B君は「今日は休み時間いらない，ずっと勉強する。」と発言するようになりました。学習への集中や意欲及び学習の課題従事時間にも，トークンエコノミー法は有効であったと考えられます。

❸ 衝動的な行動のある生徒への対応

　C君は，通常の学級の中で行動をコントロールすることは困難ではないかと思われていたのですが，担任の教師がトークンエコノミー法を用いて上手く対応することができた事例です。C君は，ADHD の診断を受けた中学１年生で，友だちに手を出したり，椅子や机を投げたり

一階から飛び降りたりと衝動的な行動が多く，不適切な行動をコントロールすることが課題でした。担任の教師とC君と話し合いをしたときに，担任の教師が持っているボールペンをC君が欲しいということになりました。高級なボールペンであったので，握りが太くなっていてC君にとって触り心地が良かったようです。そこで，表13に示す10の約束を守ってポイントが貯まり基準に達成できたらそのボールペンと交換することを条件に，毎日振り返りの時間を設けてポイントを集計することにしました（実際のものから創作）。その結果，毎日の不適切な行動が減っていき，10の約束に示す行動を守ることができるようになりました。最終的に目標の数万ポイントに到達し，C君は欲しかったボールペンを手に入れることができました。その後C君は，衝動的な行動を押さえることができるようになり中学校を卒業できました。

表13　トークンエコノミー法で用いたポイント表の例

10の項目	ポイント
1．イライラしてがまんできないときには，授業担当の先生に言ってカームダウン室に行きます。	0
2．授業担当の先生から「カームダウン室に行きなさい」と言われたときは，カームダウン室に行きます。	10
3．気持ちが落ち着いたら授業に戻ります。	10
4．暴言は言いません。	0
5．机や椅子を投げません。	10
6．プリントを破いたりしません。	10
7．授業中に，廊下で大声を出したりしません。	10
8．授業中に，机や椅子をガタガタ鳴らしません。	10
9．授業で忘れ物をしたら授業担当の先生に伝えます。	10
10．自分からすすんであいさつをします。	10
今日のポイント	80

【文献】

加藤哲文・大石幸二（2004）特別支援教育を支える行動コンサルテーション―連携と協働を実現するためのシステムと技法―．学苑社．

見通しをもたせるための支援

1　見通しをもてないことへの対応

● 見通しをもたせることの重要性

　学習支援教室を開設の当初，廊下から教室に入れない児童やトイレに入ってしまって出てこない児童がいました。その原因を考えたときに，児童にとってその日に何を行うのか見通しをもてないことが考えられました。そこで初めて学習支援教室に参加する児童に対しては，メール等で事前にスケジュール表を提示し，対象の児童が学習支援教室に来たときにどのようなことを行うかについて知らせるようにしました。その結果，現在では教室に入れない児童はいなくなりました。初めて参加する児童にとっては，初めての場所で初めての支援者とどのようなことをするのかがわからない状況は，とても不安であると思います。

　前述のトークンエコノミー法の事例のA君は，学校に行ったり行かなかったり，行ってもお昼からと登校をしぶる状況でした。A君のお母さんは，「普段はなかなか学校に行きたがらないのに，社会科見学の旅行などのときには登校をしぶらずに行くのだから，勉強よりも旅行などの楽しい活動が好きなのですね。」と嘆いていました。しかし，よく考えると社会科見学の場合，何時何分に集合してバスは何列目の○○さんの隣に座って，工場についたら○時○分まで工場内を見学して，○時○分に××で班ごとにお弁当を食べる，などスケジュールが細かく設定されています。しかも社会科見学のしおりを見れば，全体のスケジュールを視覚的に確認することができます。A君が普段の授業よりも社会科見学に参加しようと思ったのは，勉強よりも楽しい活動ということもありますが，ひょっとしたら社会科見学は授業よりも見通しがもちやすい活動であったからかも知れません。

　不登校や登校をしぶる児童の場合でも，突然学校に来てみたら何を行っているかわからない浦島太郎状態は，とても不安な気持ちを引き起こすと考えられます。不登校や登校をしぶる児童や教室に入れない児童の場合に，もう一度見通しをもたせることから始めてみてはいかがでしょうか。

2　見通しを配慮した支援事例

❶ 教室に入れなかった生徒への対応

　中学1年生のD君は，ASDの診断を受けていました。D君は，音楽の授業で教室から音楽室に移動したときに，音楽室の入り口で立ち止まって中に入れない状況でした。特別支援教育コーディネーター，D君の教科担任の教師や特別支援学級の教師，養護教諭からなるケース会議を通じて対応策を考える中で，D君が見通しをもてないから音楽室に入れないのではないか

ということになりました。そこで音楽の担任は，学習アウトライン（図55）を作成し，授業の最初にD君に授業の概要を説明するようにしました（実際のものから創作）。すると，D君は不安なく教室内に入ることができ，授業にも普通に参加することができました。

D君のケース会議の中で，この成果が紹介されると他の教科担任の教師も自分の教科の際に，同じように授業のアウトラインを作成してD君に提示することになりました。協議が深まる中で，D君のように見通しがもてない生徒は教室の中に他にもいるのだから，授業の最初に教室内の全員に対しても同様に授業のアウトラインを作成したらどうかということになり，その学校では授業の最初に学習アウトラインを作成して提示することになりました。

```
今日の学習のアウトライン
  目標　和声の響きを感じて歌う
  表現・歌唱　ふるさとの四部合唱（教科書 P62）
1．ピアノに合わせて旋律を確認する　15分
  （Eくんは下の部分）
2．パートのグループ練習　15分　（先生と行う）
3．他のパートの練習　10分（しない）
4．歌いながら和声の響きを感じる　5分（しない）
```

図55　学習アウトラインの例

❷　不安の強い児童への予定表の活用

E君は，見通しがもてないときに不安となり，気持ちが落ち込みます。そのため，学習中に机に伏せてしまうことがありました。そこで，その日の予定が書いてある予定表をE君の見えるところに貼り，すぐに確認できるようにしました（図56）。課題の内容やプリントの枚数を具体的に示すことで，E君も安心して学習に取り組めました。E君自身も「あと何枚がんばればいい。」と発言するなど，見通しをもって学習に取り組むことができていました。また，E君にわかりやすいように，その課題が終わるごとに予定を消していきました。予定表は，E君に見通しをもたせ不安を軽減する支援として有効でした。

```
☺6月14日の予定表☺
◎1時間目 ⇨ 10時から10時40分
  ★ 算数復習プリント　1まい
  ★ 算数 ⇨ 先生ときょうそう
  ★ 漢字をおぼえる（5文字）
  ★ 算数　（プリントとビンゴ）

  休み時間 ⇨ 10時40分から10時50分

◎2時間目 ⇨ 10時50分から11時30分
  ★ かくにんテスト（2まい）
  ★ 算数（1まい）
  ★ 国語 プリント（1まい）
  ★ えらべる学習（2まい）
```

図56　予定表の例

❸　活動内容の自己選択・自己決定の取り組み

小学6年生のFさんは，WISC-ⅣのFSIQの分類は低いにありました。保護者から，最近，

反抗的な言動が多くなり，家で学習をさせようとすると何でも抵抗を示すようになったとのことでした。学習支援教室でも担当の学生に対して，「やりたくない。」と言って課題に取り組むまでにとても時間がかかっていました。そこで，学習支援教室ではやって欲しい項目はすべて挙げておいて，その順番をFさん自身に決めさせることにしました。Fさんは最初，スケジュールの組み方にとまどっていましたが，学生と相談しながら自分なりにスケジュールを並べることができました（図57）。学習の順番をFさん自身が決定することによって，学習に対する見通しがもて，最後までやるべき課題を避けることなく実施することができるようになりました。その結果，Fさんは得意な課題と時間のかかる課題などのバランスを考えてスケジュールを立てることができ，学習への抵抗がなくなりました。

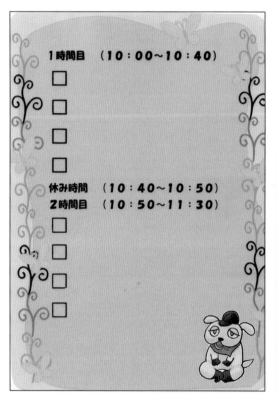
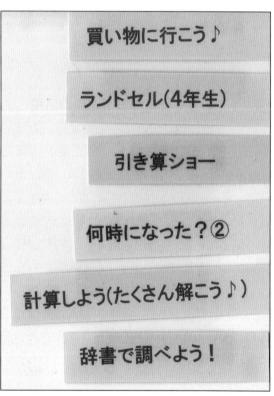

図57　右のような課題の項目を左のホワイトボードに自分で順番を決めて貼りつける

取り組み 18　行動のもつ機能からの支援

1　プリントを破り捨ててしまう事例

● 事例の取り組み

　G君は，難しい課題になるとプリントを破る行動がみられました。MASによってその行動の機能を分析したところ，逃避の機能であることがわかりました。そこで，プリントを破ってやりたくない思いを伝えるのではなく，難易度の高い課題でもカードを提示して思いを伝えることで，課題に取り組むことができると考えました（図58）。そこで，以下の二つのカードを作成しました。G君は，「枚数をへらしてください」カードを使うことはなかったですが，「ヒントください」カードを提示する回数が増え，プリントを破ることはなくなりました。

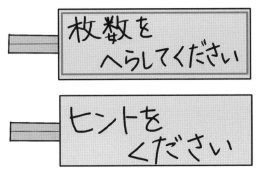

図58　ヒントをくださいカードと枚数をへらしてくださいカード

2　授業中に手首を噛む事例

● 事例の取り組み

　通常の学級にいるH君はASDの診断を受けており，H君の担任教師から授業中に手首を噛むことが気になるとの相談を受けました。ABC分析に基づいて授業中の様子を観察すると，H君にとっての課題がなく手持ち無沙汰なときに起きていたことから，手首を噛むという行動が自己刺激の機能であることがわかりました。そのことを伝えたところ，担任教師はH君が活躍する場面や班活動などを取り入れました。その結果，手首を噛むという自己刺激的な行動はなくなりました。

セルフモニタリングの取り組み1

 セルフモニタリングの活用

❶ **支援のポイント**

　セルフモニタリングは，自分自身の行動を記録し，あるいは評価する行為として表されます。セルフモニタリングは，観察者によって観察されるデータよりも目的行動がプライベートであったり，内緒の性質のものであるときには便利です。セルフモニタリングを行うことによる結果の一つは，反応性効果 reactivity effect がみられることです。反応性効果は，生徒がただ単に行動を数えたり，記録するだけで結果的に行動が改善するということです。具体的な例は，毎日体重の記録をつけていると体重が減る，間食の回数を数えて記録を取ることで間食の回数が減るなどです。

❷ **事例の概要**

　以下の事例は，干川・園田（2020）をまとめたものです。対象児のH君は，通常の学級に在籍する小学5年生の男児で，医療機関においてASDとADHDとの診断を受けていました。H君は，幼少期や学校で友人とかかわる中で，食い違いや誤解からトラブルが起こることがあり，保護者はH君の友人とのかかわりを心配していました。またH君は，話をしているつもりでも相手に独り言を言っているように思われることや，一方的に話すことがあったことから，お母さんは人の話をしっかりと聞き周りの人との関係をうまく築いていくことを願っていました。またお母さんは，家では周りのことに気をとられ宿題になかなかとりかかれず，集中力も持続しないために，とても時間がかかることを気にしていました。お母さんは，注意されたことを覚えていてもその場になるとH君が実行できないことを話し，改善を望んでいました。

❸ **セルフモニタリングの実際**

　セルフモニタリングのために，六つのスキルに関する自己チェック表（図59）を用い，全チェック欄40個中ついた丸の数を毎週グラフに記録していくことにしました。ベースライン（BL）期でH君が自分でチェックした丸の数は，1週間で平均5.0個でした。H君は，日常生活で六つのスキルを十分に実行できておらず，項目で実行できた回数にばらつきがありました。また，BL期の会話の様子をみると，10分間でH君が支援者の目を見た回数は10回であり，終始手元の鉛筆や消しゴムなどを見たりいじったりしていました。また，キョロキョロとよそ見をすることも多く，会話の途中で話題とは違う話を突然始めることが5回ありました。

　セルフモニタリングとして，①六つのスキルに関する自己チェック表を用い，全チェック欄

40個のうち丸の数を毎週グラフに記録する，②学習支援教室にてその行動を振り返ることで自らの行動について認知し，動機づけをもちながら適切な行動の活用を促す，③毎週チェック表を見て一週間を振り返りうまくいくためにどうしたら良いかを話し合い，対応できる工夫をする，でした。支援期Ⅱでは改善が伸び悩んだことから，トークンエコノミー法を導入しました。合わせて，会話の様子をビデオで撮影しておき，ビデオを支援者と一緒に見直すことで行動を変容させることもねらいとしました。

　全部で24回にわたって支援を実施することができ，図に示す自己チェック表を用いることで，H君は○のつく回数が増えていきました。特にトークンエコノミー法を導入したことで，支援期Ⅱの後半では平均で19.6個丸をつけることができました。H君はポイントが貯まることに意欲的で，「ポイントめざして頑張るぞ。」「来週はここまでポイントを貯める。」「今日もポイントがもらえるか緊張する。」などの前向きな発言がありました。また日常場面でも，あいさつができるようになったことを校長先生からもほめられるなど，自分から人にあいさつしたり目を見て話すことができるようになり，支援場面以外での般化も報告されました。

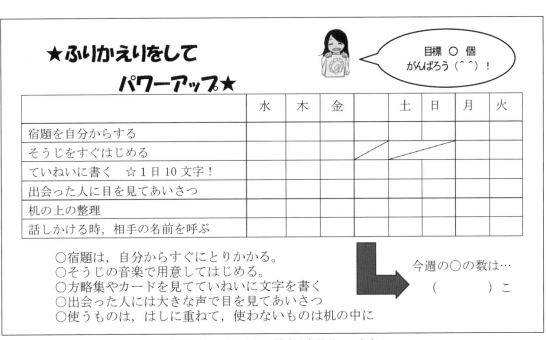

図59　六つのスキルに関する自己チェック表

【文献】
干川隆・園田朋子（2020）．アスペルガー症候群と ADHD を併せ持つ児童の行動に及ぼすセルフモニタリングの効果．
　　熊本大学教育実践研究，37，197-205．

セルフモニタリングの取り組み2

　　自己管理スキル支援の効果

❶　事例の概要

　古庄（2020）は，学習中に不適切行動がみられる小学4年生のIさんに対し，「支援つき自己管理」の介入と目標設定や自己評価を組み込んだ支援を行うことで，不適切行動が軽減すると考え，その効果を検討しました。研究にあたり，①目標を設定し学習中の行動を他者が記録し，それをもとに自己評価を行うことで学習中の不適切行動が減少する，②学習中の不適切行動が減少することで内省記録や自己評価が変化する，との仮説を立てました。Iさんは，7歳のときにASDとLDの診断とADHDの疑いとの診断を受けていました。小学3年生の6月から学習支援教室に参加していました。これまでの支援でIさんには，離席や姿勢の崩れ，大きな声を出す，落書きをするなどの行動がみられました。またIさんは，漢字と算数の答え合わせを行う際に自分の解答が間違いであった場合，支援者のペンを無理やり取ろうとしたり解答を黒く塗りつぶしたりするなどの行動がありました。学校では消しゴムを使わないことがあり，丁寧に書き直さないため解答の内容ではなく字の書き方を指摘されていました。

　これまでの支援から，学習中における以下の行動を標的行動にしました。

・姿勢が崩れる（離席する，身体を大きく揺らす，横に倒れる，机に伏せる，頬杖をつく）

・よそ見をする　　　・学習内容と関係のない話をする　　　・落書きをする

・消しゴムを使わず書き間違いを黒く塗りつぶす　　　・文房具で遊ぶ　　　・大きな声を出す

　ベースライン期（以下「BL期」）に，標的行動の生起数を記録することはIさんには伝えず，主担当の学生がIさんを支援し，副担当の学生がIさんの標的行動の記録を行いました。約40分×2コマのセッションで，漢字と計算の学習支援を行い，学習中における標的行動を事象記録法により記録しました。

　セッションの終わりに学習中の態度とルールに関する振り返り，記録用紙をもとに標的行動の生起数と内容をIさんと確認しました。事象記録の対象とした行動の項目に対応した質問を作成し，5段階（5：よくできた，4：できた，3：ふつう，2：できなかった，1：全くできなかった）で自己評価させました。質問の内容は，①正しい姿勢で勉強することができたか，②よそ見をしなかったか，③勉強と関係のない話をしなかったか，④声の大きさに気をつけることができたか，⑤らくがきをしなかったか，⑥文房具で遊ばなかったか，⑦自分から消しゴムを使ったか，でした。また，自己評価の際のIさんの発言を記録しました。

❷　支援の取り組み

　BL期の標的行動の生起数は平均40.7回であり，「姿勢が崩れる」が最も多く，次いで多かっ

たのは「消しゴムを使わない」の項目でした。学習中の様子として，自分の思い通りにならないときやわからない問題があったとき，答え合わせで自分の解答が間違っていることを知ったときなどに，担当学生のペンを無理やり取ろうとする，立ち上がる，床に座る，過剰に揺れる，机に伏せる等の行動が見られました。また I さんは，「けち」「いや」「嫌い」と大きな声で言うこともあり，苦手な活動の際には，「めんどくさい」「ねむい」「わからない」と発言したり，プリントにその言葉を書いたりしました。字を書き間違えても消しゴムを使おうとせず，上から濃く書き直したり黒く塗りつぶすなどの行動もありました。

　支援期では，セッション全体を通しての学習におけるルールを決定しました。約40分×2コマのセッションにおいて，担当学生が漢字と算数の学習支援を行い，副担当が学習中の標的行動を事象記録法により記録しました。標的行動は BL 期と同じです。各セッションの初めに，学習におけるルールを標的行動の記録用紙を用いて I さんと確認し，学習中にどのような行動は不適切であるか，一つ一つ動作を交えながら確認しました。また，前回の記録を確認し，標的行動を何回以内に抑えるかや学習でがんばることなどの目標を I さんに設定させ，学習中に標的行動が見られた場合は注意・支援を行いました。セッションの終わりに学習中の態度とルールに関する振り返りを行い，記録用紙（事象記録法）をもとに標的行動の生起数と内容を I さんと確認しました。事象記録を行う標的行動の項目を5段階（5：よくできた～1：全くできなかった。）で自己評価させました。質問の内容は，BL 期と同じです。

　支援の結果を図60に示します。まず，標的行動の生起数が BL 期では平均40.7回だったものから評価期では3.5回に減少しました。支援期の途中から I さんは標的行動の項目をいくつか覚え，記録用紙を見る前に「これはダメだよね？」と支援者に確認したり，「この行動はダメ，気をつけなきゃ。」と発言したりするようになりました。副担当が記録用紙を触ったり記録したりする動作に気づき，そのときにどの項目が生起したか尋ねていました。これによって自ら標的行動が生起していることに気づき，行動を修正することができました。このように他者記録という方法で標的行動を記録し，その結果をフィードバックすることにより I さんが自分の行動を意識するようになった結果，標的行動の生起数は減少しました。

　I さんの自己評価の変化として，BL 期では⑦自分から消しゴムを使ったかに対し3セッションとも評価点は5をつけていました。これは，他者からの指摘と I さんの自己評価点が完全に一致しているとは言い難い状況でした。I さんの自己評価は，各セッションでの支援中のエピソードなどセッションにより注目した観点が異なっていました。I さんは強く印象に残ったことから自己評価を行っていました。セッションを重ねるにつれて，標的行動が生起したことに気づき自分で行動を修正できるようになり，「今日はあんまり動いてないね（姿勢が崩れていない）。」との気づきの発言が見られるようになりました。このように標的行動に対応した自己評価の項目を設定したことにより，I さんが自分の課題を意識し目標達成のための行動をとれるようになったと考えられます。

また，学習との関連を調べるために，支援の前後でそれぞれ漢字の書き取り問題を100問実施しました。その結果，支援前と支援後で正答率は55％と差がありませんでした。しかし支援後，答え合わせ後に，Ｉさんは誤答をすべて正すために自ら書き直したり，空欄を埋めようと支援者に様々なヒントを求めていました。また，支援前の標的行動以外に他者のペンを無理やり取ろうとすることや，「けち」「いや」「嫌い」と言うことは，支援後にはみられなくなりました。Ｉさんの場合に「支援つき自己管理」の介入に目標設定や自己評価を組み込んだ支援を行った結果，Ｉさんは不適切行動が軽減しただけでなく自分の行動を意識・統制ができるようになり，学習時に適切な行動を維持できるようになりました。

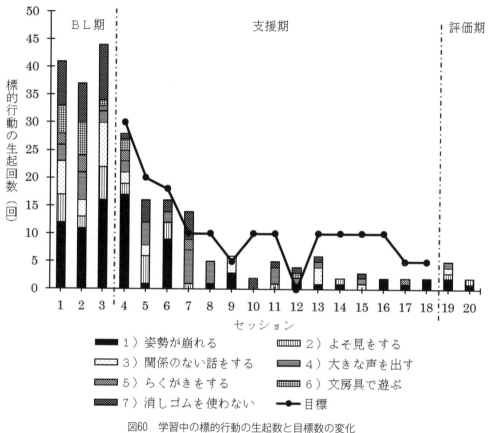

図60　学習中の標的行動の生起数と目標数の変化

【文献】

古庄恵美（2020）発達障害の児童に対する自己管理スキル支援の効果．熊本大学教育学部平成元年度卒業論文（未公刊）

5　社会性のつまずきへの対応

 ## ソーシャルスキルトレーニング（SST）

❶ ソーシャルスキルトレーニングの基本的な考え方

　ASD の児童には，他者理解や自己理解に著しい困難があり，他者の意図を誤解したり，他者が言うことを文字通りに解釈したりすることがあります（Attwood，2004）。これらの特性から，ASD の児童が集団にうまく適応できず対人関係のトラブルを起こすなどの不適応行動があり，不登校やいじめの問題に巻き込まれやすかったりすることが指摘されています（多田・杉山・西沢・辻井，1998）。

　対人関係を調整する具体的な支援方法として，ソーシャルスキル・トレーニング（以下「SST」と示す）があります。上野・岡田（2006）は，ソーシャルスキルを「社会生活や対人関係を営んでいくために必要とされる技能」と定義しています。上野ら（2006）は，SST の中でソーシャルスキルを具体的に「やり方」や「コツ」として教えることで，児童の生活がより豊かになると述べています。

　SST の有効性は，様々な研究で報告されています。滝吉・田中（2009）は，アスペルガー障害（以下「AS」と示す）の児童に対して集団で心理劇的ロールプレイを行い，児童の自己理解の変容過程を明らかにすることで児童のアイデンティティの形成へと向けた支援について検討しました。その結果，支援前は自己を否定的にとらえる言及が多かったのに対して，支援後は否定的・肯定的な気持ちの両方を表現できるようになったと報告しています。その理由として滝吉・田中（2009）は，児童が他者から自分へと向けられた反応や言葉の否定的な部分をそのまま自己の中に取り込み，自己の視点と一体化させていたことが関係していると考察しました。

　このように SST の有効性を支持する研究がある一方で，支援場面ではスキルを発揮できるのに，実際の生活場面ではうまくいかないといった般化の問題がしばしば指摘されています（上野ら，2006）。岡田・後藤・上野（2005a）は，LD，ADHD，AS の3名の対象の児童に対して SST を実施したところ，LD と ADHD の児童については効果がみられましたが，AS の児童では明確な効果を得ることができなかったことを示しました。また岡田ら（2005b）は，6名の AS の児童を対象に SST の支援を実施し，4名ではソーシャルスキルが改善しましたが，2名では改善しなかったことを示しました。このようにソーシャルスキルは支援によって改善しますが，AS の児童の中には SST だけでは改善しない者がいます。岡田・後藤・上野（2005b）によれば，AS の児童には社会的認知障害があるので，SST の際に振舞い方や社会的ルールをただ教えるだけでは状況や相手に応じて使いこなせず，単なる知識の習得に終わってしまう可能性があります。このため Ozonoff and Miller（1995）は，他者の心理的状態を

推論するのに必要な社会認知原理（すなわち心の理論）のもと，ロールプレイやモデリング等の基本技法に加えて，ゲーム活動，スナックタイム，ブラインドウォーク等を系統的に行う明白で体系的な指導を実施し，介入後に統制群と比べて有意な差を示しました。また，Krasny, Williams, Provencal, and Ozonoff（2003）は，SSTの中で，社会化を楽しくさせる様々な視覚的で明白な実際の活動を通して抽象的な概念を具体的なものにすることと，視覚的な構造化と予測可能なルーチンを提案しています。

　般化の問題に対し，山本・香美・小椋・井澤（2013）は，高機能広汎性発達障害者に対して，就労に関するソーシャルスキルを標準的なSSTとシミュレーション訓練を用いて指導し，標的行動の形成に及ぼす効果を検討しました。標準的なSSTとは，統制された場面で，①教示，②モデリング，③ロールプレイ，④フィードバック，を行う訓練のことであり，シミュレーション訓練とは，職場環境に近い環境で標的行動を自発させる機会を与え，自発された行動に対してフィードバックを与える訓練のことです。その結果，シミュレーション訓練だけの期間は評価得点がほとんど変化しなかったのですが，標準的なSSTを導入した後は評価得点が大きく上昇しました。この結果から山本ら（2013）は，ソーシャルスキルを形成しようとする場合，シミュレーション訓練に加えて標準的なSSTを行うことが必要かつ効率的であると報告しています。

　発達障害の児童で，特にASDの児童の場合に他者の気持ちを推測したり他者の立場に立って考えたりすることが難しいと言われています。例えば，教室で他の児童が叱られているのを見ても，わが身に置き換えて同様の行動をしてはいけないとは理解できず，教師が叱っていたことしかわからなかったりします。特に，多くの教師は口頭で厳しく叱ったりするのですが，聴覚的な情報処理の苦手な児童の場合には，教師の口頭の説明だけでは理解できないまま先生に叱られたことだけが残ってしまいます。

　発達障害の児童が友だちとうまくかかわれなかったり，つい手が出てしまったりする場合に，その子の性格や保護者のしつけの問題と考える前に，その原因をその子が人とのかかわり方を誤学習したためか，未学習のためと考えます。例えば，不適切な行動を示す児童は，どのようにかかわったらよいかわからず（未学習のとき）に，たまたま友だちを叩いたことで教師に叱られたとします。すると，その児童は友だちを叩くとくと教師が振り向いてくれ叱るという形で自分にかかわってくれることを誤学習してしまいます。叱られなくても教師の顔色が変わったりすることで，かかわってくれていると誤学習します。未学習・誤学習と考えることによって，人とのかかわり方を一つ一つトレーニングすることができれば，児童に適切なかかわり方を習得させることができるのです。

❷　SSTの流れ
　一般的なSSTは，以下の四つのステップから成ります。

① 教示

　教示は，人とのかかわり方について説明して理解させる段階です。例えば，日常の不適切な
かかわり方がどのように不適切なことなのかを十分に説明します。特にASDの児童の場合に，
他者意図理解の困難さから，不適切なかかわりをしたときに友だちはどのように感じているの
かについて具体的に絵や図を用いて説明をしていきます。そして，そのようなときにはどのよ
うにかかわったら良いかについても説明をします。教示を深める方法として，ソーシャルスト
ーリーやコミックマンガなどを用いることもあります。

　能力の高いASDの児童の中には，知的に理解して認知を変えることによって，自身の行動
を変えることができます。ADHDの児童は，知的に理解して認知が変わるのですが，わかっ
ていてもつい不適切な行動を起こしてしまいます。この場合には，適切な行動の後に強化子を
随伴させることによってコントロールすることが必要になります。

② モデリング

　次に児童の前で，どのようにかかわったら良いかについて，実際に大人同士でモデルを児童
に見せます。これによって，児童は具体的にどのように対応したら良いかがよくわかります。

③ ロールプレイ

　次は，児童に役割を実際に演じさせて，必要なところで適切な声かけや行動を実際に行わせ
ます。

④ 振り返り

　最後に，振り返りの時間を設けて，ロールプレイがうまくできたかどうかについて自己評価
をさせます。最近では，ロールプレイの様子を撮影した動画を見ながら，一緒に振り返ること
があります。

　この一連の流れを通して人とのかかわり方について学習することができます。

❸ SSTの課題

　SSTの課題の一つは，LDやADHDに比べてASDの児童のソーシャルスキルの習得に難
しさがあります。この背景には，前述の他者の行動を「わが身に置き換えること」の難しさが
あります。対応策として視覚的な教材を活用することなどが提案されています。また，大学で
の相談室や通級指導教室でスキルを習得したのだけれども，日常生活に般化できない問題も指
摘されています。私は，ASDの児童の障害の背景にある共同注意行動を促すやりとりを行う
ことによって，場面を超えて習得したスキルを活用できると考えています。

　もう一つの課題は，学校での取り組みを見ているとどうしても知的に理解させることに重き

が置かれて，実際に活用できるまでスキルを習得できていない点です。特に，新しい学力観として深い学びが提唱されるとどうしても認知に重きが置かれがちです。しかし，人とのかかわりはスキルであるので，場面が変わっても適切な行動ができるためには，状況に合わせて思わず身体が動いてしまうくらいにまでスキルを習得する必要があるでしょう。そのためには，何度も繰り返しスキルを練習する必要があります。

❹ その他の取り組み

　本書では，SST に加えて，児童生徒の困り感をモンスターに例えた外在化アプローチと，動作法によるストレスマネジメント教育についての取り組みを紹介します。

【文献】

Attwood T.（2004）Exploring Feelings：Cognitive behavior therapy to manage anger. Future Horizons Inc.Arlington, TX. 辻井正次（監）・東海明子（訳）（2008）アトウッド博士の〈感情を見つけにいこう〉①怒りのコントロール：アスペルガー症候群のある子どものための認知行動療法プログラム．明石書店．

Krasny, L., Williams, B. J., Provencal, S., & Ozonoff, S.（2003）Social skills interventions for the autism spectrum: Essential ingredients and a model curriculum. Child and Adolescent Psychiatric Clinics North America, 12, 107-122.

岡田智・後藤大士・上野一彦（2005a）ゲームを取り入れたソーシャルスキルの指導に関する事例研究―LD，ADHD，アスペルガー症候群の3事例の比較検討を通して―．教育心理学研究，53，565−578．

岡田智・後藤大士・上野一彦（2005b）アスペルガー症候群へのソーシャルスキルの指導―社会的認知の向上とスキルの定着化をめざして―．LD 研究，14，153-162．

Ozonoff, S., & Miller, J.N（1995）Teaching theory of mind：A new approach to social skills training for individuals with autism. Journal of Autism and Developmental Disorders, 25（4），415-433.

多田早織・杉山登志郎・西沢めぐ美・辻井正次（1998）高機能広汎性発達障害の児童・青年に対するいじめの臨床的検討．小児の精神と神経，38，195-204．

滝吉美知香・田中真理（2009）ある青年期アスペルガー障害者における自己理解の変容―自己理解質問および心理劇的ロールプレイングをとおして―．特殊教育学研究，46，279-290．

上野一彦・岡田智（2006）特別支援教育実践ソーシャルスキルマニュアル．明治図書出版．

山本真也・香美裕子・小椋瑞恵・井澤信三（2013）高機能広汎性発達障害者に対する就労に関するソーシャルスキルの形成における SST とシミュレーション訓練の効果の検討．特殊教育学研究，51，291-299．

SST の実際

幼児に SST を実施した事例

❶ 対象の幼児の概要

　対象の幼児は，幼稚園の年長クラスに通う K 君でした。K 君は，自分なりの物事のとらえ方がある，言葉の発達など言語の理解は高いなどから，4 歳時に専門機関において ASD の診断を受けていました。WISC の結果では，FSIQ の分類は高いでした。幼稚園では，K 君は友だちがぶつかったり自分の思い通りにならないときに，友だちを叩いたり蹴ったり，「バカ」「死ね」「大嫌い」などの暴言を吐くなどの不適切な行動がみられましたが，家庭ではこれらの行動はみられませんでした。また K 君は，一番になることへの強いこだわりがありました。K 君は絵本を読むことが好きであり，幼稚園や家庭では 1 人で絵本を読むことがありました。

❷ SST の取り組み

　幼稚園で観察を行うと，たまたま友だちの手が K 君にあたると，K 君はわざとぶつかったと思い友だちを叩こうとして先生に止められる行動がみられました。また，工作のときに思うように作品が作れなかったときに作品を投げたり踏みつけたりする行動がありました。さらに K 君は他の友だちが遊んでいる遊具を勝手に取ろうとして，つかみ合いになり教師に止められていました。K 君には他者意図理解の困難のほか，衝動的に生じる不適切な行動がありました。

　そこで，K 君の標的行動を①友だちを叩く蹴ると②暴言を吐くの二つとしました。3 回にわたる幼稚園の観察時の生起回数は，約 3 時間で①友だちを叩く蹴るが平均で2.3回，②暴言を吐くの平均が1.3回ありました。幼稚園の観察から，友だちがぶつかったときに「ぶつかって痛かったんだぞ。」や，作品が 1 人でうまく作れないときに「先生手伝って。」と言葉で表現できれば，不適切な行動を減らせると考えました。そこで以下のような SST を実施しました。

(1) 教示（ソーシャルストーリー）

　WISC の結果，K 君の FSIQ の得点が高く専門機関において言葉の発達など言語理解が高いとの指摘を受けていたことから，K 君に教示することで，ソーシャルスキルを理解し習得できると考えました。また K 君が絵本を読むことが好きであったことから，教示にソーシャルストーリーを用いることにしました。

　支援では，実際に K 君の標的行動が生じた場面を具体的に取り上げ，適切なかかわり方の獲得を狙ったストーリーの絵本を自作して用いました。また，支援者がソーシャルストーリーの音読をする際に適切なかかわり方の教示だけでなく，自分が相手にどうして欲しかったかと

いう自分の気持ちの伝え方や表情の使い方も教示しました。

(2) モデリング

　どこに気をつけるべきか，またどのような言葉で表現したら良いかをK君に教示した後，支援者が不適切な振る舞いと適切な振る舞いをモデルで見せました。K君にはどの行動が○でどの行動が×かを回答させました。観察場面で見られたK君の行動を支援者が行い，客観的に自分の行動を認識させることでK君にその行動が不適切であることに気づかせ，K君にどこを改善すべきかを考えさせました。

(3) ロールプレイ

　支援者とK君でロールプレイを行いました。ソーシャルストーリーの内容を再現し，K君が主人公を支援者が相手役をしました。K君は不適切な行動は演じたがらず，適切な行動のみを演じましたが，支援者が台詞を用意し適切な行動を演じさせました。

(4) フィードバック

　K君自身に自分の行動を振り返らせ，自分がどんな行動をしていたかをより正しく認識できるように，ビデオカメラで撮影したロールプレイの様子を見せながら自身の行動の評価を行いました。

　K君は，作成したソーシャルストーリーを楽しみに持ち帰り，機会があるごとに見直していたとのことでした。そのせいかSSTを実施した直後から，幼稚園での①友だちを叩く蹴ると②暴言を吐くの行動はほとんど見られなくなりました。幼稚園で観察していたときも，偶然友だちの手がK君の顔面に当たったときに少し強い口調ではありましたが，手を出さずに「何するんだよ，痛かったんだぞ。」とその友だちに自分の気持ちを言葉で伝えることができました。

　保護者からの報告では，友だちにからかわれたときに思わず手が出てしまったことはあったのですが，それ以外は不適切な行動が見られなくなったとのことでした。また，幼稚園でも家庭でも「手伝って」や「一緒に遊ぼう」など，以前に比べて言葉で表現することが増えて，不適切な行動が見られなくなったそうです。このようにSSTを行ったことによって，K君は状況に合わせて適切な行動がとれるようになりました。

取り組み 22　ソーシャルストーリー

ソーシャルストーリーを用いた支援事例

❶　ソーシャルストーリーとは

　SSTの一つにソーシャルストーリーがあります。ソーシャルストーリーは，ASDの子どもたちがソーシャルスキルを学習する際の問題として，人々がそれぞれ異なった視点の基に行動していることを理解することが困難であり，社会的状況を読み取るための具体的な支援方法として開発されました（Gray & Garand, 1993）。藤野（2005）は，これまでに報告された事例の分析から，ソーシャルストーリーによって子どもの社会的行動が期待される方向に変容すると結論づけています。

　SSTは，ロールプレイなど複数の人を必要とします。学習支援教室は基本的に個別支援になるので，ソーシャルスキルを高める方法の一つとしてソーシャルストーリーを用いることがあります。これは，物語を読み認知を変えることで行動を変えるものです。ASDの児童にとっては，人とのかかわり方などをわかりやすいお話で提示してもらえるので，理解しやすく認知が変わることで行動が変わることにつながりやすくなります。ここでは，ソーシャルストーリーを用いた支援の例を紹介します。

❷　支援事例

　小学2年生のL君は，ADHDの診断がありFSIQの分類は平均でした。L君は，友達と一緒に遊びたいときに自分から言葉で誘うことが難しく，首を触ることでかかわりをもとうとしていました。しかし友だちからすると，急に首を絞められているように受け取られてしまうために，それを嫌がっており，そのことをL君は気づいていませんでした。首に触ろうとすることがたびたび友だちとのトラブルを生じ，在籍している学級内でも問題となり，担任から特別支援学級に在籍を移すことも保護者に提案されていました。

　L君の問題は，友だちとのかかわり方がわかっていないことが原因であると考えて，友だちの首を触らずに，「いっしょに遊ぼう。」と言葉で言って遊びに誘うことができることをねらいとして，図61のソーシャルストーリーを用いることにしました。

　L君は読書好きであったため，話をして説明を聞くよりもソーシャルストーリーのようなお話を好んで読みました。家庭でも取り組んでもらい，L君は毎晩寝る前に母親と一緒にこのお話を読みました。その結果，L君は首を触らずに「いっしょに遊ぼう。」と言うことができ，友だちとのトラブルがほとんどなくなり，特別支援学級に在籍を移す必要もなくなりました。

お友だちの首にさわると

　人はときどき，友だちとじゃれていて首をさわることがあります。でも，首をさわられるのがきらいな友だちもいます。また，自分では首をさわったつもりでも，首がしめられてくるしいと思う友だちもいるでしょう。

　友だちとなかよくしたい時には，首をさわらずにゆう気を出して，「いっしょにあそぼう」と言ってみましょう。

　そうすると，友だちも首がくるしいと思わないし，なかよくあそんでくれます。お互いにしあわせな気もちになれるでしょう。

図61　支援で用いたソーシャルストーリーの例

【文献】

藤野博（2005）自閉症スペクトラム障害児に対するソーシャル・ストーリーの効果：事例研究の展望．東京学芸大学紀要第 1 部門教育科学，56，349-358.

Gray, C. A & Garand, J. D（1993）Social stories: Improving responses of students with autism with accurate social information. Focus on Autistic Behavior, 8（1），1-10.

外在化アプローチ（モンスター退治）

1 外在化アプローチとは

　発達障害の児童生徒の自立活動を考えたとき，どうしてもできないところをできるようにさせようとする視点に立ってしまい，児童生徒の視点というよりも教師の視点に陥ってしまいがちです。そうならないためには，児童生徒の困り感に注目し寄り添う自立活動が必要でしょう。

　稲垣ら（2017）は，東（1997）が考案した問題の外在化技法としての「虫退治」の考え方を取り入れた心理教育プログラムを開発しました。具体的には，小学6年生に実施し，児童は「問題を外在化する」スキルを身につけ，お互いに困っていることを「虫」として開示し，さらに日常生活において学んだスキルを般化できるようになりました。黒沢（2012）は，問題の外在化とは，問題を本人や関係者から切り離して外に取り出し，それを一種擬人化して扱うことにより，本人や関係者がその問題への対処法を発見できるように援助する方法と定義しています。外在化アプローチの流れを表14に示します。

表14　外在化アプローチの取り組みの流れ

```
┌─────────────────────────────────────┐
│       自分を困らせているモンスターを作成する         │
│                    ▼                │
│          モンスターの退治法を考える              │
│                    ▼                │
│   退治法を実践して，モンスターを退治できたか自己評価する     │
│                    ▼         ↰     │
│        教師と一緒に振り返りをする              │
└─────────────────────────────────────┘
```

2 外在化アプローチの支援事例

❶ 事例研究の概要

　馬場（2019）は，知的障害のある生徒が自分の困り感をモンスターとして外在化し，その対処法を自分で考え実践し対象の生徒の変化を把握することで，知的障害教育の自立活動の在り方について検討しました。具体的には，知的障害特別支援学校の生徒に，自分でモンスターを考えたり「自立活動大図鑑」（熊本大学自立活動研究会，2018）を参考に自分の悩みや困っていることに近いモンスターを探し，図鑑を参考にしながらその退治法を考えさせました。図鑑を参考とすることで，自分の困り感を上手く表現できない生徒でも，本を見ながら自分の困り感を見つけ生徒が目標を決めることが容易にできました。

　対象の生徒は，特別支援学校高等部1年生のM君でした。M君は，知的障害を伴うASD

の診断を受けていました。M君は，小学4年生程度の漢字を理解し日記等で使うことができ，数学では四則計算ができ金種を混ぜたお金の計算ができました。

　M君の不適切な行題は，生活面では忘れ物や私物の紛失が多く，物を失くすと「ない！ない！」と焦って探すので余計に見つからない，長い話や複数の指示になると聞き漏らしがある，その他，失敗したり間違いを指摘されたりすると焦って落ち着きがなくなったり，納得できない内容をブツブツと呟いていつまでも引きずるなどでした。また，イライラしたときは，つい余計なことを言って相手を不快にさせることもありました。学校での作業学習では，M君は製菓班に所属し，天板にクッキーを並べてオーブンで焼く作業と，クッキーを入れる袋にシールを貼る作業に並行して取り組んでいました。M君は勝手に作業を進めて教師から注意を受けたり，クッキーを並べた天板から支援用の透明フィルムを抜き忘れて，オーブンに入れたりすることがありました。指示されていた作業をしていないことを指摘されると「そうでしたっけ？」と返事した後，イライラしながら独り言を言うことがありました。

❷　事例の支援経過

　支援期1のセッション1からセッション4では，自分を困らせているモンスターの特徴やその退治法について考えさせました。ゲームが好きなこともあり，モンスターを考えることに積極的に取り組み，自分を困らせているモンスターを「ワスレナンダッケー」と名づけ，その特徴や退治法を考えました（図62，表15）。支援期では，モンスター退治について本人による自己評

図62　M君の考えたモンスター（ワスレナンダッケー）

価を行いました。自己評価基準は，以下の3段階の評価でした。

　　◎：モンスターに勝った

　　○：モンスターには負けたけれども退治法は使ってみた

　　×：モンスター（困り感）が出ても退治法を使って対処しなかった

　支援期終了時にはその支援期に行ったモンスター退治の振り返りを行い，退治法の効果やできるようになったことなどを確認しました。最後に，モンスター退治の振り返りを行ったところ，表16のような評価を行いました。

　M君のモンスターは今も退治中ですが，モンスターとして外在化することにより，具体的な課題解決へとつなげることができます。

表15 「ワスレナンダッケー」の特徴と対処法

モンスター名	ワスレナンダッケー										
場面	作業学習で焼き以外の作業に緊張したとき、ボーッとしたときに現れる。										
特徴	いろんな物を忘れさせる。ときどき言いたかったことを忘れてしまう。 聞きたかったことと聞いたことを忘れさせる。										
退治法	①「すみません、もう一度教えて下さい。」と尋ねる。 ②忘れないようにメモする。 ③後回しにするより、今すぐ整理整頓する。 ④「何をすればいいですか。」と尋ねる。					①「すみません、もう一度教えて下さい。」と尋ねる。 ②「何をすればいいですか。」と尋ねる。 ③分からない時は先生に質問する。 ④苦手な先生でも勇気を出して質問する。					
日にち	10月22日	23日	24日	25日	26日	29日	30日	31日	11月1日	2日	5日
退治法	①	④	④	④	①	③	③	②	④	③	振り返り
自己評価	◎	◎	×	○	○	◎	◎	○	○	◎	

表16 モンスター退治の振り返り

	氏名 ○○ ○○	あてはまる。	ややあてはまる。	どちらとも言えない。	ややあてはまらない。	あてはまらない。
1	自分のモンスターを考えることはむずかしかった。		○			
2	自分のモンスターの特徴（とくちょう）を覚えている。	○				
3	自分のモンスターの退治法（たいじほう）を覚えている。		○			
4	自分のモンスターは強い（強かった）。	○				
5	学校のいろんな活動のときに，退治法を使うことがある。		○			
6	家にいるときにも，退治法を使うことがある。				○	
7	自分をこまらせるモンスターはほかにもいると思う。	○				
◎	自分のモンスター退治はできましたか？		退治できた ・ 今も退治中			

モンスター退治の感想を書いて下さい。

ワスレナンダッケーだけは，まだてごわいので退治中です。
ワスレナンダッケーは学校のすべての授業に今も現れる。
そうぜつなバトルで必ずワスレナンダッケーをたおします。

【文献】

馬場恵美子（2019）生徒の困り感に寄り添った自立活動の取組—モンスター退治の実践をとおして—．熊本大学特別支援教育特別選考科修了論文（未公刊）．

東豊（1997）セラピストの技法．日本評論社．

稲垣希望・池島徳大・田窪博樹（2017）問題の外在化技法としての「虫退治技法」を取り入れた 心理教育プログラムの開発とその検討．次世代教員養成センター研究紀要，3，73-81．

熊本大学自立活動研究会（2018）自立活動大図鑑．

黒沢幸子（2012）ワークシートでブリーフセラピー学校ですぐ使える解決志向＆外在化の発送と技法．ほんの森出版．

動作法を用いたストレスマネジメント教育

1 動作法とは何か

　動作法は，1960年代の中頃に心理教育的な観点から，脳性まひなどの肢体不自由児の姿勢や動きを改善するために開発されました。その後，発達障害や知的障害の子どものための援助法として適用範囲が広がってきており，今日ではカウンセリングの一技法として位置づけられるまでに展開しています。さらにストレスマネジメント教育としても動作法が活用されています（冨永・山中，1999；山中・冨永，2000）。

2 動作法を適用した事例

❶ 対象の児童の様子

　N君は，ASDの診断を受けて自閉症情緒障害の特別支援学級に在籍していました。N君は，自分の気持ちを発表するときや，交流学級で急な予定の変更があったときに耳をふさいだり，泣きながら身体を強ばらせることが多く，トイレに逃げて1時間ほど出てこないこともありました。緊張して身体が強ばったときの対処法は，担任の教師が静かなところに連れて行き，肩をぽんぽんと叩きながらN君が落ち着くのを待つという方法でした。普段，身体を強ばらせたときに落ち着くまでに，20分から30分ほどの時間がかかっていました。N君自身も身体が強ばってしまうことを気にして，交流学級に行くかどうかはN君の状態によって自身で決めており，N君はトラブルになりそうな場面をできるだけ避けるようにしているために，最近では交流学級に行く回数が減っていました。

❷ なぜこの問題が生じているのか

　N君は，対人関係などのストレスの状況にさらされ，緊張し動けなくなっていると推測されます。緊張した後の対処法も重要ですが，大切なことはその場に応じて適切に対応する練習をすることです。そのためには，日頃からストレスにうまく対応するためのストレスマネジメント教育が必要です。障害のない人の場合でも，人前で話をするときや試験やスポーツの大会などで過度に緊張してしまい，台詞を忘れてしまったりあせって気持ちを落ち着けることができなかったりします。そのため，それまで勉強や練習してきた成果を十分に発揮できなくなってしまいます。ストレス場面でどのように対応するかといったストレスマネジメント教育は，スポーツ選手だけでなく，通常の学級の児童生徒に対して中学校や高等学校でも実施されるようになってきています。

　障害のない人でもストレス場面の対応の練習が必要になるわけですから，障害のある児童生

徒，特にその場面の状況を読み取ることの難しい児童生徒は，ストレスに対応することを早期から練習する必要があります。ストレスマネジメント教育では，漸進性弛緩法やイメージ法などの手法を用いた成果が報告されていますが，その中でも，障害のある児童生徒にとってわかりやすいストレスマネジメントの方法として，からだを動かしながら行う動作法が効果的です。動作法では，からだを動かし力を入れる・抜く（リラックスをする）練習を支援者とともに行います。

❸　支援の実際

　N君に対して，特別支援学級で毎日行われている朝の会の時間を利用して，在籍している児童を対象に動作法によるストレスマネジメント教育を実施しました。まず，ストレスとからだの反応の関係について説明をし，その後，肩の上下プログラムのセルフ・リラクセーションとペア・リラクセーションを14回にわたって実施しました。

　支援を始めると，それまでの交流学級に行く時間は1日に0から1時間だったものが，2から5時間へと増加しました。からだを強ばらせる回数は支援前も支援後も1日に1から2回と同じでしたが，交流時間が増えているので交流学級での強ばってしまう回数の割合そのものは減少していました。交流の様子を観察したところ，N君はからだを強ばらせた後や，音楽会の練習や本番で発表する前，落とし物を届け終わった後，休み時間で友だちと遊ぶときなどに自分で肩を上げ下げしてリラックスしようとしていました。また，保護者からの報告では，N君は歯科医に行くことをとても嫌がっていたのですが，肩の上下プログラムを実施した後に，病院の待合室で診療の前に自分で肩を上下に動かして，嫌がらずに上手く対応できたそうです。

❹　障害のある児童生徒にとっての動作法によるストレスマネジメントの意味

　動作法によるストレスマネジメントの意味には，①ストレスと距離を置き自分を取り戻す効果，②自分のからだを自分が制御しているという自信の効果，③相手の働きかけを受け入れて相手に働きかけるコミュニケーションの効果，の三つがあります。まず，①の意味として，ストレスにさらされている状況で，人は，「みんながこちらを見ている。」など外界に注意を向けるか，「失敗したらどうしよう。」「できなかったらどうしよう。」など自分の心のことに注意を向けてしまいがちです。動作法では援助されながらからだを動かす活動により，外界でも心でもなくそっと自分（からだ）に注意を向けることができます。動作法では，自分のからだに注意をシフトすることにより，ストレス状況と自分との間に距離を置くことができます。

　次に②の意味として，これまでのからだを動かす教育（例えば体育）は，がんばることに重きが置かれてきました。これに対して動作法の課題は，普段意識せずに入れてしまう緊張に気づき，自らリラックスすることです。このような課題動作を行うことにより，生き生きした感じや自分（のからだ）をコントロールしている感じを促すことができます。

③のコミュニケーションの効果として，動作法の多くは支援者（トレーナー）と児童生徒（トレーニー）が課題を共同作業しながら行います。動作法の活動には，相手の働きかけを受け入れる体験，さらに役割を交代することにより相手の様子をみながら働きかける体験が含まれています。動作法では，援助をしたりされたりすることにより，児童生徒がその状況の適切な理解や，状況に合った対応を増やすなどコミュニケーション能力を育てることができます。

3　動作法によるストレスマネジメントの実施に向けて

❶　支援の可能性

　学習支援教室で主に行う課題動作は，肩を上下に動かす課題と肩を反らす課題であり，「セルフ・リラクセーション」と「ペア・リラクセーション」で実施しました。この二つの動作を課題として用いたのは，どちらも椅子に座って行う課題であり，日常生活の中の般化がしやすいと考えたからです。実施は集団または個別で行い，実施時間は約10分です。

(1) 動作法の導入

　課題を導入するにあたり，ここでの「体操」が体育で行う体操とは違い，ストレスへの対処法であることを児童に説明しました。具体的には，「緊張したり，困ったりしたときにうまく対応できるよう，リラックスの練習をします。」「イライラしたときに出てくるイライラ虫をやっつける練習です。」と伝えました。なお，ここでは，活動に参加しようとしない児童を無理矢理参加させたり，ふざけて参加している児童を叱ったりしないようにし，楽しい雰囲気を作って繰り返す中で，自分から参加するように促しました。

(2) 肩を上下に動かす課題

　この課題動作の基本姿勢は，椅子に腰掛け，背を椅子の背もたれにつけないようにやや前の位置に座った状態です。このときに，児童が背を屈げたり腰を反らせたりするときには，まっすぐになるように言葉や身体ガイドにより注意します。

①　両肩の上下動作（セルフ・リラクセーション）課題

　まず，セルフ・リラクセーション課題から実施します。課題は援助者の指示に合わせて「両肩をゆっくり上げる→上げたところで止める→指示に合わせて下げる→下がったところでさらに力を抜く」の動作です。この一連の過程では，肩を上げるときに背や胸を反らせる・下げるときに背を屈げるなどの躯幹部の誤った使い方，肩を上げるときに手や腕に力を入れた姿勢（ペンギンのポーズ）など肩以外に腰や腕に力を入れないように援助し，児童が自分のからだの感覚を感じるように促します。

下げるときには，力を抜く感じがわかりやすいように「ストンッ」と早めに下げるときと，じっくり下げるときがあります。児童の様子をみながら教示の仕方を工夫します。下げた後にも力が抜けることがあるので，肩を下げてからしばらくじっとしておくように教示します。

② 両肩の上下動作（ペア・リラクセーション）課題

次は，児童が支援者の援助を受けながら肩を上下に動かすペア・リラクセーションの課題です（図63）。児童は肩の上下動作課題を実現するように努力しますが，①の課題と大きく異なることは，援助を受け入れ協力して動作を行う点です。このときに，いきなり肩をぎゅっとつかむのではなく，とても大切なものやすぐにこわれそうなもの（例えばひよこ）をそっと包み込むようにと教示します。一連の過程では，支援者は手を児童の肩に置き，上げるときには児童の動きに合わせて引き上げるように，下げるときは肩を軽く押し下げるように援助します。

③ 片方ずつの肩の上下動作課題

両肩の上下動作課題が上手にできるようになってきたら，今度は，片方ずつ肩を動かす課題を行います。まず，片方（例えば右）の肩を上げるように指示します。このときに注意しなければならないのは，児童が右肩を上げようとして，左方向に躯幹部を傾けてしまうことです。躯幹部は肩の動きに合わせて傾かないように援助し，右肩のみを上げるようにします。躯幹部を一緒に動かさずに肩のみを上下に動かすことができるようになったら，反対側の肩も同じように動かす練習をします。援助する際の支援者の留意点は，②の両肩の場合と同じです。

(3) 肩の反らせ課題
① 肩の反らせ（セルフ・リラクセーション）課題

肩の上下動作課題と同様に，まず一人でどのくらい上手にできるかをセルフ・リラクセーション課題で把握します。このとき児童が肩だけでなく背を屈げる反らす，腕を一緒に前後に動かすなど誤った動きをしないように注意します。それでも動いてしまうときには，言葉や身体ガイドによって動かないように注意を促します。

肩を動かさないとき　　　肩を上げるとき　　　肩を下げるとき
図63　肩を上下に動かすときの援助の様子（ペア・リラクセーション課題）

② 肩の反らせ（ペア・リラクセーション）課題

　ここでも肩の上下動作課題と同じように援助します（図64）。とくに注意することは，肩を反らすときに肩胛骨を真ん中に寄せるように反らせるのではなく，躯幹を支点として前後に動かすように援助します。このとき，支援者は児童が動かないところまで一緒に動かしますが，その位置でしばらく待っていると力を抜くことがあります。したがって，支援者はすぐに前後に動かすのではなく，反ったところや屈がったところでしばらく待って，児童が力を抜くのを待ちます。

(4) ペアの交代

　これまでは，児童が援助を受ける人（トレーニー）で支援者が援助する人（トレーナー）でした。次にトレーナーとトレーニーが交代して「援助される」練習から相手に合わせて「援助する」練習を行います。児童の中には，相手の様子をみながら働きかけることが苦手な子もいます。そこで，このような役割を交代することによって，子どもは相手に合わせて相手に働きかける練習をすることになります。

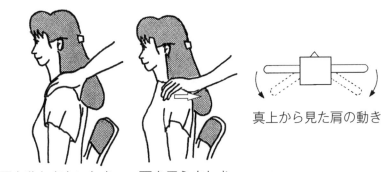

肩を動かさないとき　　肩を反らすとき
真上から見た肩の動き

図64　肩を反らすときの援助の様子（ペア・リラクセーション課題）

【文献】

冨永良喜・山中寛（1999）動作とイメージによるストレスマネジメント教育〈展開編〉．北大路書房．

山中寛・冨永良喜（2000）動作とイメージによるストレスマネジメント教育〈基礎編〉．北大路書房．

課題解決モデルに基づいた
ケース会議

1 　なぜケース会議が必要なのか

❶ 小中学校での巡回相談

　今から十数年前のことになりますが，私は，巡回相談員として定期的に小中学校を訪問して，先生方の相談に応じてきました。しかし，定期的に訪問する中で相談の在り方について，以下のような思いを抱くようになりました（干川，2005）。

(1) 重たいケースから軽いケースまで同じ時間で相談に上がってくる

　例えば，２時間の巡回相談だと４人の児童生徒の相談で１人30分ずつの相談をお願いしますと言われます。ところがふたを開けてみると，すでに担任の先生方が支援を工夫されていてほとんど困っていないのに頼まれて無理矢理相談に来たケースから，深刻な不適切行動で担任の先生が疲弊しているケースもあります。中には保護者による虐待が疑われるケースもあり，私だけでは解決できないものまであり，それが全部，同じ30分間の面接時間で設定されていました。せめて，巡回相談を受ける前に学校で課題の軽重を判断していただき，自分たちで解決できそうなことと外部の専門家を含めて協議することを区別しておいていただけたらと思いました。

(2) 教師の困り感の話だけに終始

　専門家の相談が校内研修として行われ，大勢の先生方の前で担当の先生の相談を受けることがよくあります。私は，従来型の教師の困り感に焦点を当てた相談は，ほとんど意味がないと思っているので，違うやり方を提案したのですが，その学校の担当の先生は従来型の相談を希望されました。そこで60分間の枠で先生のお話をうかがうのですが，担任の先生が保護者の対応でどれくらい苦労されているかというお話しを50分間ずっと聞かされ，残りの10分で児童生徒にどう対応するかと言われても，それで解決策を導き出すことは無理です。

　できれば，先生方の困り感については同僚の間で共感しておいていただいて，巡回相談のときには児童生徒のことを話し合いたいと思います。

(3) 複数回の専門家の利用の必要性

　私も専門家と呼ばれる人の一味ですが，果たして発達障害の専門家と呼ばれるにふさわしい人たちがどれくらいいるのでしょうか。教師の中には，一度専門家に相談するとすべての課題が解決できると誤解している人がいます。専門家も校長先生から「良い話をうかがいました。」などの社交辞令を真に受けてしまって，自分が有能な専門家であると錯覚してしまうことがあります。しかし，専門家の助言がうまくいって課題が解決できた場合もあれば，助言通りに対応を行ったとしても全く上手くいかなかった場合もあります。

私は，学校の先生方に，専門家に相談するときには必ず2回以上同じ学校に来てもらうことをお勧めしています。つまり，相談で発した専門家の助言はあくまでも仮説に過ぎません。その仮説によって課題を解決できるかどうかは実際に支援を行ってみないとわかりません。2回以上同じ学校に来てもらうと，専門家の助言が本当に正解だったのかどうかを専門家にフィードバックすることができます。課題が解決できないときには，さらに専門家に助言をしてもらう必要があります。そうすることによって学校の課題解決力を育むことができますし，専門家を育てることができます。

(4) 学校内にはたくさんの「専門家」がいる

　巡回相談で小中学校にうかがってわかったことは，学校内にはたくさんの専門家がいるということです。例えば，これまで担任したクラスの中に発達障害の児童生徒がいて，対応を工夫してこられた教師がいます。中には通常の学級担任をされていますが，これまで発達障害の難しい児童生徒に出会ったことをきっかけに，学会にも参加し勉強されてきた教師がいます。また，ご自身のお子さんに発達障害があり育児に苦労された経験をおもちの教師もいます。もちろん，通常の学級にいる児童生徒のことなので，教師がおもちの教科教育のノウハウや学級経営のノウハウはとても役に立ちます。私は，学校にいる「専門家」の知恵を集約できれば，かなりの事例に対応できると考えています。

❷　ケース会議の必要性

　私は，当初，相談の際には専門家の役割として助言をしていたのですが，学校内にたくさんの「専門家」がいることに気づき，その専門家の意見を集約できれば多くの課題を解決できると思えてからは，司会進行役をさせてもらうようにしました。実際に，ケース会議を行ってみると多くの課題を解決することができました。中には，ケース会議を行っても，「この生徒さえいなければ，普通に授業ができるのに。」と否定的な発言ばかりで，これじゃ解決は無理だとあきらめた中学校でのケース会議もありました。しかし，多くのケース会議では教師のノウハウを集めることによって，課題を解決することができました。

　なお，本書では「ケース会議」という言葉を使っています。ケース会議を行う場所は，特別支援教育の校内委員会でも学年会でもかまわないのですが，教師が児童生徒のことについて柔軟に話し合える場面として「ケース会議」という用語を用いています。児童生徒数の大きな学校では，全校の委員会よりもむしろ学年会の方が児童生徒のことを気楽に相談できると思います。小さな学校では校内委員会としてケース会議を実施されたら良いと思います。参加するメンバーも，ケース会議をどの場で行うかによって異なります。

2　ケース会議の手順

　ケース会議に入る前に，学級担任は表17に示すプロフィールシートを用意しておく必要があります。プロフィールシートは，１時間もあれば作成することができるでしょう。なお，ケース会議を実施する上で特別支援教育コーディネーター等が配慮しなければならない具体的なポイントについては，干川（2014）を参照してください。

❶　ケース会議の留意点

　ケース会議にあたっては，次のことに留意する必要があります。

(1)　事実と意見の違いを意識しよう

　ケース会議を進めるにあたっては，事実と意見の違いを意識した協議の進め方が重要になります。そのためには，本書で述べているような認知特性に合った支援や応用行動分析の考え方を理解しておく必要があります。例えば，「学習が厳しい」という場合には，教科や領域によってどのくらい習得しているのかを具体的に述べる必要があります。あるいは，不適切行動であれば頻度も記す必要があります。例えば授業中に立ち歩く場合には，それが毎時間生じるのか，学期に一度程度なのかによって対応の仕方が異なります。

(2)　ブレインストーミングとしてのケース会議

　ケース会議では，ブレインストーミングに基づいて意見を出し合います。これは，他の人の発言を批判せず，他の人の発言を受けてさらに意見を言うことがポイントです。さらに，質よりも量として多くの発言を歓迎する雰囲気が大切です。発言の中には，すでに担任教師によって試みられたものもありますので，そのときには担任教師からの情報を共有し，さらにそれに代わる案を提供することで，様々な解決策を生み出すことにつながります。

(3)　みんなが支えているというメッセージを送る

　ケース会議で，気になる児童生徒をケースとして提供する担任教師は，自分のかかわり方が批判されるのではないかと不安になります。ケース会議では，「なぜ○○しなかったのか。」「どうして○○したの。」などと問われると，担任教師は自分のかかわり方を批判されているように受け取ってしまいがちです。そのような印象をもたせないためには，「もっとこうしたらどうか。」「こんなやり方が良いのでは。」など未来志向の意見の出し方を奨励します。

　担任教師の不安を和らげるためには，ケース会議のメンバーが担任に対して支えているというメッセージを送ることが大切です。それはとても簡単な方法です。笑顔でうなずくだけで，支えてもらっているというメッセージを担任教師が受け取ることができます。そのために，お茶やお菓子を用意したり，皆の顔が見られるよう机を扇状に配置するなど場の設定も大切です。

表17　プロフィールシートの例

年　　　月　　　日

児童のプロフィールシート（小学生）		

対象の児童

氏名：　B　君	生年月日：　　年　　月　　日	年齢：７歳　○ヶ月
所属：　P　小学校	学年：　　　１年　　○組	担任：

対象児の実態

気になること：

・授業中席にじっとしていることができず立ち歩くことがみられる（特に算数のとき）。

・週に１回程度，授業中教室を飛び出して保健室や校長室に行くことがある（それ以外の場所に行くことは少ない）。

・国語は読むことはすらすらとできるが，書くことが難しい。

・机の上や机の中などを片づけることができず，いつも散らかっている。

・友だちとかかわりたいが，うまくかかわれず力任せにたたいて，けんかになることが多い。

・その場の空気が読めず，思ったことを口に出して言ってしまう。

・忘れ物が多い。

・体育が好きだが，ドッジボールなどのゲームのルールを理解することが難しい。

現在の学力のレベル：

・算数は苦手意識をもち，数の概念（数字と物との関係）も十分ではない。

・国語の話すことと読むことは学年相応，大人顔負けの会話をすることもある。

・ひらがなはマスからはみ出るが何とか書ける，漢字とカタカナは書けない。

児童のもっている力や良さ：

・人なつこく，誰とでも昔からの知り合いのようにかかわることができる。

・弟や小さな子のめんどうをよくみようとする。

・動物や昆虫に興味があり，例題でそのことに触れるととてもやる気になる。

・教室の外に飛び出しても，戻ってくることができる。

保護者からの情報：

・幼稚園のときからすぐに手を出して問題となることが多く，家でもどのように対応して良いか心配。今回のケース会議に出すことについても同意している。

他の教職員からの情報：養護教諭から，授業中訪ねて来てもしばらく経つと戻ろうとする。

本人からの情報：学校に来ることは好きだが，算数はあまりしたくない。

その他：特にない。

❷ ケース会議の手順

ケース会議では，課題解決モデルの論理過程（表18）に基づいて話し合いを進めていきます。ケース会議を実施するときには，黒板やホワイトボードを用いて，課題解決シート（表19：p.148）のステップを書いて司会者が発言を記入しながら進めていきます。黒板やホワイトボードに記すことによって，結果を視覚的に記録することができます。理想的には，45分から50分の1授業時間で実施できると良いですね。慣れてくると，30分程度でケース会議を実施することが可能です。具体的な進め方は，以下の通りです。

表18　課題解決の論理過程

ステージ1　課題の特定
・気になる子どもの課題は何か？

ステージ2　課題の分析
・なぜそれが生じるのか？

ステージ3　計画の実施
・課題を解決するために何をするのか？

ステージ4　結果の評価
・計画は上手くいったか？変更が必要か？

(1) ステージ1　課題の特定

ステージ1では，対象となる児童生徒の課題について思いつきでかまわないので，出し合うことになります。参加しているメンバーによっては，対象の児童生徒の学力が気になる教師もいれば，友だちとのかかわり方が気になる教師もいます。いろんな観点から対象の児童生徒について意見を出し合えることが重要になります。

課題として5個から10個を出すことができたら，次に優先順位を決めます。優先順位というと難しく考えてしまって決まらないことがありますが，話し合いの順番くらいに思って気軽に決めていただけたらと思います。優先順位を決めるのは，そこに参加者の思いを反映できると考えたからです。決まりにくかったときには，担任教師に決めてもらうこともあります。

教師の中には，KJ法の研修を受けたことがあり，出てきた意見と意見をつなぎ合わせて島を作ろうとする教師がいます。例えば，「これとこれはコミュニケーションだからコミュニケーションにしよう。」と発言される教師がいます。しかし，コミュニケーションの問題としてくくってしまうと，具体的な解決策やそれに対する評価ができなくなってしまいます。そうならないためには，抽象的にまとめようとせず，なるべく具体的な事実について協議していくことが必要です。

(2) ステージ2　課題の分析

この段階では，優先順位1番の課題について，それがなぜ生じているかについて話し合いま

す。課題の原因を推測することは，仮説を生み出すことになります。仮説を生み出すことは，同時に解決策を考えることにもなります。例えば，(1)「口頭での指示に応じることが難しい」課題のときに，例えば，「○○をして，△△をして，□□をして」など指示が長くなっているとの仮説であれば，指示を短くするという解決策が出てきます。あるいは，聴覚的な指示だけでは難しいと原因を推測することができれば，指示内容を板書するとか指示カードを用意しておいて必要なときに指示カードを渡すなどの解決策を導くことができます。

(3) ステージ3　計画の実施

　この段階では，解決策について出し合うことになります。解決策の中にはすでに担任によって試みられたものもありますので，担任に確認することも必要です。なお，ステージ2の原因の推測よりもステージ3の解決策の方が先に出てくることがあります。そのときも一度，ステージ2に戻って原因を推測しておくと，違った解決策が出てくることがあります。このように，ステージ2とステージ3は同時に実施した方が良いと思います。優先順位1番の課題が終わったら，時間が許す限り優先順位2番の課題，3番の課題へと取り組んでいきます。

(4) ステージ4　結果の評価

　計画を立てて，解決策を1ヶ月ぐらい実施してみて，解決策がうまくいったかどうかについて評価します。解決策がうまくいけばその支援を継続することになります。解決策がうまくいかない場合には，①ステージ2の仮説が間違っていたか，②ステージ3の解決策が間違っていたかになりますので，その部分を再度検討して，解決策を実施していくようにします。

❸　ショートケース会議

　これまでのケース会議は，1授業時間の中で実施できるようにと思っていました。しかし，先生方と話す中で，その時間さえも確保することが難しいとの指摘を受けました。そこで，ステージ1の優先順位の1番の問題を決めるところまでを担任教師と特別支援教育コーディネーターとの話し合いによって，事前に決定しておいてから開始するショートケース会議が必要になります。そうすることによってケース会議では，ステージ2の原因の推測とステージ3の解決策のみを実施することになります。これはショートケース会議として，現在，いくつかの学校で実施されつつあります。実施時間が10分から15分ですので，学年会の最初の時間等を活用して定期的に実施することができます。

表19 課題解決モデルに基づくケース会議〈課題解決シート〉

ステップ1 課題は(何か)	ステップ2 なぜその課題が生じるのか	ステップ3 解決策
(3) 1年生の漢字を10字しか覚えることができない。	優先順位 (1) について ・本人が集中していないことがある ・長い指示に応じることが難しい。 ・聴覚的な指示だけでは難しい。	優先順位 (1) について ・一度注意を向けてから指示を出す。（担任） ・指示をした後に友だち同士で確認。（担任） ・指示を短くする。（担任・サポートティーチャー） ・視覚的情報を黒板に書く。（担任） ・どのような指示が通り難いかみていく。（サポートティーチャー）
(1) 口頭での指示に応じることが難しい。		
(2) 教室にじっとしていない。		
(5) 相手に失礼なことを言う（「太っているね」など）。	優先順位 (2) について ・好きな活動ではない。 ・たくさんの口頭指示を受けてわからなくなる。 ・指示の内容そのものがわかっていない。 ↑ WISC-Ⅳの結果より裏づけ。 ・座っていることが良いことだとわかっていない。 ・課題を達成できた体験が少ないのでは。 ・教室内で目についたものに注意が向いてしまう。	優先順位 (2) について ・本人の好きな活動を取り入れる。（担任、サポートティーチャー） ・指示の内容に図などを入れてみる。（担任、サポートティーチャーが確認） ・座っているときはほめる（姿勢がいいね、1時間座っていられたね）。（担任、サポートティーチャー） ・苦手だけどクリアできそうな課題を出したりプリントをいくつか用意したりする。（担任） ・黒板の周囲から注意をそらすものを少なくする。（担任）
(4) はじめてのことなどに自信がもてない、失敗することを嫌がる。		
(6) 忘れ物が多い。		

＊ （ ）内の数字は優先順位を示す。

148

ショートケース会議の実際

1 通常の学級で担任が気になった小学1年生のO君

❶ 取り組みの概要

　この取り組みは，1年間の特別専攻科に特別支援学校から派遣された真金が研究テーマとして取り組んだ研究です（真金・干川，2016）。特別支援教育の流れの中で，特別支援学校は地域の特別支援教育のセンター的な機能を果たすことが求められています。そこで小学校に協力を求めて，ショートケース会議の有効性について検討することにしました。対象となったO君は，通常の学級に在籍する小学1年生で，授業中，机の上の道具で遊ぶことや姿勢の乱れ，片づけができない，友だちについ手や足を出したりする行動がありました。この児童について，真金が司会者となり，O君の担任教師，同学年の3人の教師，サポートティーチャー（ST）の計5人で学年会を通じてショートケース会議を9月から11月に計6回実施しました。なお，真金は対象児のO君の変化だけでなく，学校の先生方にアンケートを実施し，ショートケース会議の前後での教師の意識の変化についても研究対象としていました。

❷ ショートケース会議の流れ

　第1回と第2回の会議では，課題1「授業中に道具で遊ぶ」を解決すべき課題とし，鉛筆・消しゴム置き場を用意したり，課題や作業を多く入れたり，説明を短く少なめにするなど通常の学級で担任教師によってできる解決策を工夫したところ，課題となる行動の回数が減少し，課題1は解決されました。するとO君の課題2「姿勢が悪い（机を枕にして寝そべる，足を上げる，肘をつく，横を向く等）」が目立つようになりました。

　そこで第3回と第4回の会議で課題2について話し合われました。その結果，足型マークや囲みを書く，椅子を大事にするよう言葉かけを工夫したり掲示したりする，書く活動や作業を増やす，身体的な動きを入れた活動を多く取り入れる，合い言葉「ピタ！ピン！トン！」を繰り返し取り入れる，隣の児童を替える等の工夫をしたところ，課題2は解決されました。

　第5回の会議では，O君の課題3「片づけが苦手」を課題として協議し，一緒に側について片づける，授業中に時間を設け確実に片づける，よくほめる，タイミングを逃さず声かけをする，引き出しの中に入れるものを決め入れる量を減らすことにしました。その結果，課題3は解決できました。さらに第6回では，O君の課題4「友だちに思いついた言葉をパッと言ったり，つい手を出したりする」について協議し，授業中は構わない，授業中のルールが抜けないように約束する，発表の機会を多く設けその場面で自由な発言や答えを言うことができるようにする，ポイント制を導入するなどしたことによって，課題4は解決できそうな見通しとなりました。担任教師は，もうこのくらいであれば授業をしていても気にならないと語るなど，

課題とはみなされなくなりました。

❸　取り組みのまとめ

　ショートケース会議に参加した教師のアンケートの結果では，「教室で仕事をしがちな先生には，誰かが声をかける雰囲気がある」などの学校の風土や土壌の改善を示唆した項目の変化がみられたことから，ショートケース会議を繰り返すことによって，学校のもつ風土や土壌をより連携協力しやすいものへと変えていくことができると考えられます。

　このようにショートケース会議を継続的に実施することができれば，校内委員会等でも共通理解だけで解決策について検討できない状況を改善し，通常の学級にいる発達障害や発達障害が推測される児童生徒の課題を先送りせず早期に解決することができれば，その後にかかるコストを大幅に削減することができるでしょう。

【文献】

干川隆（編著）(2005). 通常の学級にいる気になる子への支援—校内支援体制と支援の可能性—. 明治図書出版.

干川隆（2014). 特別支援教育の校内支援体制の充実—課題解決モデルに基づくケース会議の進め方—. 熊本大学教育実践研究，31.33-42.

真金千草・干川隆（2016). 特別な支援を必要とする児童と校内支援体制に及ぼす課題解決モデルに基づくショートケース会議の効果. LD 研究，25（4），489-502..

おわりに

　熊本大学学習支援教室は，2005年に発達障害のある児童への最善の学習支援を目標に開設し，今年で19年目を迎えています。この間に，たくさんの子どもたちが熊本大学に通ってきて，多くの保護者から「熊大に通えて良かった」との評価をいただきました。支援する学生も，毎学期評価をして当初の目標を達成する努力を重ね，ミーティングで支援方法の妥当性について討議してきました。本書で紹介している取り組みは，これまでの学習支援教室での成果をまとめたものです。

　学校の先生方や保護者から，漢字につまずいている児童生徒の支援について相談を受けることがあります。そのときに，聴覚が優位だから語呂合わせを用いたら，視覚が優位だから漢字パズルを用いたらと助言するのですが，どのように語呂や漢字パズルを作成したら良いかわからないとの話をうかがうことがあります。そこで本書では，読者の皆さんが理解しやすいように学生が作成した教材を紙数が許す範囲でできるだけ多く載せることにしました。

　書籍などで「学習障害の漢字指導には〇〇法」「LDの算数指導には△△式」といった見出しを見ることがあります。保護者も，うちの子は学習障害だからタブレットを用いれば，すべての課題を解決できると期待されます。しかし，同じ学習障害の診断を受けているけれども，個性的な子どもたちが多くその特性は様々です。

　私は，一つの方法ですべての学習障害の子どもの課題を解決できると思うほど楽観主義者ではありません。その方法がその子に合っているかどうかは，やってみないとわかりません。有効かどうかは，実際に支援してみて効果があったかどうか検証する以外にないのです。それが科学的な態度であると思います。そのためには，十分な実態把握を行い，個別の指導計画を作成し期末ごとに評価を行うというサイクルを繰り返して，支援方法の有効性を検証することが必要になります。本書は，そのサイクルを繰り返して得られた知見の中から25の取り組みをまとめたものです。

　本書を終えるにあたって，これまで大学で学習に取り組んでくれた多くの子どもたちと，送迎された保護者の皆様に感謝申し上げます。また，これまで支援に携わっていただいた多くの学生の皆さんにも深く感謝申し上げます。皆さんの支援の努力の成果から，本書をまとめることができました。

　最後になりましたが，本書をまとめる機会を与えていただきました明治図書出版株式会社ならびに出版にご尽力いただきました教育書編集部の木村悠さんに心より感謝申し上げます。

2023年8月

干川　隆

【著者紹介】

干川　隆（ほしかわ　たかし）

熊本大学大学院教育学研究科教授。博士（人間環境学）。臨床心理士・公認心理師。群馬大学教育学部卒業後，九州大学大学院教育学研究科（教育心理学専攻）を単位取得後退学。1993年から国立特殊教育総合研究所精神薄弱教育研究部にて研究員・主任研究官として，教育相談・研修・研究に従事。学習困難のプロジェクト研究に参加し，1996年から「学習困難児の指導方法と支援体制」をテーマにミネソタ大学教育心理学部客員研究員として，多くの学校を訪問してその実際を研究（1997年まで）。

2000年から熊本大学教育学部助教授に転任。2002年から熊本県特別支援教育推進体制事業の専門家チーム・巡回相談員として小中学校に定期的に訪問した。最初は個々の相談に応じていたが，学校内に専門家がたくさんいることを知り，途中から黒板の前に立ってケース会議の司会進行役に。その経験から2005年に『通常の学級にいる気になる子への支援』（明治図書出版）を出版し，学校内でのケース会議を勧めている。また，2005年から熊本大学学習支援教室を立ち上げ，学生とともに発達障害（主に学習障害）の児童の認知特性に応じた個別的な学習支援を行っている。

特別支援教育サポートBOOKS
学習のつまずきを軽減する！
効果的な教材&対応アイデア

2023年10月初版第1刷刊　©著　者　干　　川　　　隆
　　　　　　　　　発行者　藤　原　光　政
　　　　　　　　　発行所　明治図書出版株式会社
　　　　　　　　　　　　　http://www.meijitosho.co.jp
　　　　　（企画）木村　悠（校正）川上　萌・nojico
　　　　　〒114-0023　　東京都北区滝野川7-46-1
　　　　　振替00160-5-151318　電話03(5907)6703
　　　　　　　　　ご注文窓口　電話03(5907)6668
＊検印省略　　　　　組版所　藤　原　印　刷　株　式　会　社

本書の無断コピーは，著作権・出版権にふれます。ご注意ください。

Printed in Japan　　　　　ISBN978-4-18-284317-4
もれなくクーポンがもらえる！読者アンケートはこちらから→